2017年度黑龙江省社会科学学术著作出版资助项目

我国农地承包经营权流转利益主体行为选择研究

WOGUO NONGDI CHENGBAO JINGYINGQUAN LIUZHUAN LIYI ZHUTI XINGWEI XUANZE YANJIU

曹海英 著

HEUP 哈爾濱工程大學出版社

内容简介

本书通过博弈论的方法建立起一个农地流转利益主体行为选择的理论框架并对相关利益主体行为现状进行分析，剖析影响相关利益主体行为的内部因素和外部因素，用层析分析法确定影响利益主体行为选择的内部与外部因素的影响程度。本书主要内容包括研究的相关概念界定和理论基础、我国农地流转利益主体行为选择的理论框架、我国农地流转利益主体行为的现状分析、我国农地流转利益主体行为选择影响因素及重要性排序、基于Logistic方法的我国农地流转主体行为选择影响因素分析以及优化我国农地流转利益主体行为选择的对策建议。本书切实促进农地承包经营权合理、有序的流转，为经济增长、社会发展注入动力。

图书在版编目(CIP)数据

我国农地承包经营权流转利益主体行为选择研究/曹海英著. —哈尔滨:哈尔滨工程大学出版社，2017.12

ISBN 978-7-5661-1776-2

Ⅰ. ①我… Ⅱ. ①曹… Ⅲ. ①农村—土地承包制—研究—中国 Ⅳ. ①F321.1

中国版本图书馆CIP数据核字(2017)第313053号

选题策划 龚 晨
责任编辑 张忠远
封面设计 佟 玉

出版发行 哈尔滨工程大学出版社
社 址 哈尔滨市南岗区南通大街145号
邮政编码 150001
发行电话 0451-82519328
传 真 0451-82519699
经 销 新华书店
印 刷 哈尔滨市石桥印务有限公司
开 本 787 mm×960 mm 1/16
印 张 8.25
字 数 176千字
版 次 2017年12月第1版
印 次 2017年12月第1次印刷
定 价 39.80元
http://www.hrbeupress.com
E-mail:heupress@hrbeu.edu.cn

前　言

随着工业化、信息化、城镇化的快速发展和农业现代化进程的加快，农村劳动力大量、快速转移，再加上农业物质技术装备水平的迅猛提高，农地流转明显加快，发展农地的适度规模经营趋势势不可当。2014 年 11 月，国务院出台了《关于引导农村土地经营权有序流转发展农业适度规模经营的意见》，要求实现农地所有权、承包权、经营权三权分离，积极培育新型农业经营主体，发展多种形式的适度规模经营，引导并推进农地经营权有序流转。可见，权利划分和主体的培育有利于农地流转规模经营行为的发生，也意味着农地流转主体的行为选择是农地流转顺利推进的关键。“三权分离”明确了农地权利和职能在各主体间的合理划分，确保农民财产性权益，实现农地资源在更大范围内的合理配置。在稳定农地承包权的前提下，推动农地经营权的合理、有序流转是城乡各要素自由流动的前提，也是实现城乡经济社会统筹发展的关键所在。农地流转涉及多个利益主体，各利益主体行为相互作用、相互制约，共同影响着农地承包经营权的流转，探讨农地利益主体的行为，分析农地承包经营权流转行为选择的影响因素，激励农地流转利益主体行为，对完善农地承包经营权流转外部环境，盘活农地资产，优化农地资源配置，促进农业经济的发展，有着重要的理论意义和现实价值。

本书以产权理论、制度变迁理论、博弈论和行为经济学理论为分析基础，通过博弈论的方法建立起一个农地流转利益主体行为选择的理论框架，然后对相关利益主体行为现状进行分析，剖析影响相关利益主体行为的内部因素和外部因素，并用层次分析法确定影响利益主体行为选择的内部与外部因素的影响程度。农户是农地流转的直接主体，尤其是转出农户，其流转意愿和行为关系着农地流转的顺利与否，可基于层次分析法选取影响农户的主要因素对转出农户的流转意愿进行 Logistic 分析，确定各因素与转出农户流转意愿的显著程度，阐释农地流转的特征、主要影响因素，预测农户未来农地流转的意愿。农地流转是相关利益主体共同作用的结果，为保证农地流转顺利进行，本书从激励各相关利益主体对策建立和完善相关配套政策对策入手，协调各利益主体的行为，切实促进农地承包经营权合理、有序的流转，为经济增长、社会发展注入动力。

本书的主要研究内容如下：

首先，在对农地流转利益主体行为等概念界定和相关理论分析的基础上，通过博弈论的方法建立起一个农地承包经营权流转利益主体行为选择的理论框架。农地流转涉及农地转出方、农地转入方、中介组织、中央政府、地方政府等五个利益主体，都是理性的经济人，任何一方的行为决策均会影响他人决策行为。本书对五维主体基于成本－效益进行了动态利益博弈分析，探讨了各利益主体在利益最大化目标下的决策行为。基于自身效益最大化的各利益主体的理性行为选择是农地承包经营权是否流转和流转程度的关键。但是，农地流转各利益主体行为的选择不仅受外部环境的影响，还受自身条件的制约，所以说主体行为的选择并不完全理性，各利益主体在农地流转中的角色定位、参与目的和参与程度不同，其在农地流转中的行为表现亦不同，基于此，对农地流转利益主体行为的现状进行分析，重点对农地承包经营权流转的直接主体即农地转出方和转入方，从流转的目的、形式、数量、去向（来源）及约束条件，分析了其在农地流转中的行为表现。

其次，农地流转是外部环境和内部因素共同作用的结果。影响农地流转的外部因素包括制度因素、经济因素、社会因素和农业生产因素。内部因素主要是基于农户的角度，分析影响其行为发生的年龄、性别、受教育水平、家庭劳动力结构和数量等个体因素，各影响因素对农地流转影响程度有所不同，基于层次分析法对各因素对农地流转的重要程度进行排序。转出农户是农地流转的供给主体，其流转意愿和流转行为对农地流转的影响较大，本书选取对转出农户影响较大的因素进行 Logistic 分析，结果显示：有 5 个因素对转出农户的流转意愿有显著影响，影响程度从强到弱分别是家庭非农收入、户主文化程度、户主年龄、家庭兼业人数、家庭农用机械数量。其他因素不在显著性水平范围内，影响不显著。

最后，优化农地流转利益主体行为，需要激励相关主体和完善相关配套政策。构建转出农民的激励机制及农地转入方的扶持和监督机制，完善中介组织的服务和监督职能，强化其参与程度，完善中央政府的制度供给机制，强化地方政府的公共服务职能，通过落实户籍制度改革方案，建立城乡统一的劳动力市场，完善社会保障制度，健全农地金融制度等配套政策，协调、优化各利益主体的行为，促进农地承包经营权合理、有序的流转。

本研究的主要结论是:农地流转利益主体行为是农地流转顺利进行的关键;农地流转主体在农地流转中的角色定位、参与目的和参与程度不同,其行为表现也不同;影响农地流转主体行为的因素很多,农地流转是制度因素、经济因素、社会因素、农业生产因素等外部因素和农户受教育水平、家庭劳动力结构和数量等内部因素共同作用的结果;家庭非农收入、户主文化程度等因素对转出农户流转意愿影响显著。

著　者

2017 年 9 月

目　　录

第一章 引 言

第一节 研究背景、目的与意义

一、研究背景

截至 2015 年年底，农地流转面积实现了 4.43 亿亩的突破，流转比例高达 33.3%。作为生产要素的土地伴随着劳动力转移、农业“四化”和经济全球一体化的进程加快和农业物质技术配备水平的突飞猛进，农地承包经营权流转程度明显加快，流转空间更为广阔。

改革开放以来，农地流转制度和政策不断进行调整和变化。家庭联产承包责任制实现了农地所有权和农地承包经营权的“两权分离”，为农地经营权流转实践奠定了制度基础。1982 年中央一号文件正式出台，鼓励农村开展多种形式的经营，但对农地流转仍持否定态度。1984 年，出现了“卖粮难”“卖棉难”的情况，农业生产供需失衡，农村劳动力转向城镇务工，国家意识到农地制度改革的重要性，虽未在农地立法安排上进行任何调整，但在相关农业政策上有所松动，当年的一号文件首次鼓励农地向种田能手集中。1986 年中央一号文件再次鼓励农田向种田能手集中，发展适度规模经营的种植专业户。1987 年，在沿海部分省市进行农地规模经营试点，农地流转虽然在立法上禁止，但政策上已经逐渐放开。1988 年，《中华人民共和国宪法修正案》首次承认农地流转的合法性，各地在国家法律制度的许可下和国家政策的引导下进行各种形式的农地流转实践。2003 年，《中华人民共和国农村土地承包法》允许农地承包经营权可以采用转包、互换、出租、互换等形式进行流转，并规定了农地流转的原则、方式等，农地流转相关规定更加具体。2008 年中央一号文件要求农民开展多种形式的农地流转，并要求在有条件的地方积极培育规模经营主体。2013 年，党的十八届三中全会提出鼓励农地承包经营权向新型经营主体流转，2014 年中央一号文件进一步明确要求扶持和发展新型经营主体。可见，农地流转主体在农地流转中的作用显著，意味着农地流转主体行为对农地流转有着重要的影响。2014 年 11 月，国务院出台了《关于引导农村土地经营权有序流转发展农业适度规模经营的意见》,要求实现农地所有权、承包权、经营权“三权分离”,积极培育新型农业经营主体,发展多形式的适度规模经营,引导并推进农地经营权有序流转。2015 年中央一号文件进一步重申,在新常态的经济发展背景下,界定农地所有权、承包权和经营权的权利归属。可见,国家关于农地权利划分和新型经营主体的培育为农地承包经营权流转提供了制度保障。

在国家政策扶持和引导下,各地不断进行实践探索,旨在通过农地流转方式的创新,推进农地流转进程,发展适度规模经营。农地流转面积和流转比例不断提高,流转形式多样化,但囿于土地的特性及农户的意识与行为,农地流转仍以转包和出租为主。究其原因是各权利主体基于自身利益的行为选择相互制约,阻碍了农地流转的进程。

现行的农地承包经营权流转,从流转机制来看,存在三大缺陷:一是效率性缺陷,表现为现行农地流转制度下传统农户之间的农地经营效率不高;二是功能性缺陷,表现为农地的社会保障功能过于强大,农地资产功能难以体现;三是市场性缺陷,表现为农地流转机制扭曲了农地市场价值。

从流转实践来看,存在以下几个问题:一是农地产权模糊,农地流转主体多重化,农地使用权不具有物权性质;二是收益权、处置权不完整;三是农地流转的信息、金融、资本和劳动力市场不健全、缺乏规范性;四是农地流转价格机制不完善,交易成本过高;五是农户土地地块狭小、分散,难以实现土地适度集中、规模经营和机械化操作;六是社会保障体系不健全,土地流转市场缺乏动力,农地资源难以实现高效配置。

农地作为一种稀缺的自然资源,承载着千家万户的生活希望,同时也承载着国家经济发展的希望。农地流转行为不是市场的单一行为,而是市场行为、政府行为、农户行为、中介组织行为相互交织的一种混合行为,是各利益主体共同作用的结果。

在农地流转实践中,农地流转相关利益主体基于什么目的、角色参与农地流转,参与农地流转的程度如何,流转行为的发生受到哪些因素的影响以及影响程度如何,各利益主体权益如何保障等都需要我们对农地流转主体的行为做进一步的分析。

农地流转利益主体行为影响着农地承包经营权的流转速度和进程,在“三权分离”制度保障下,流转实践的服务下,流转空间的范围扩大下,分析各利益主体的利益行为选择和行为现状,分析制约各主体行为的内外部因素,最大程度地保护农民权益,切实推进农地承包经营权合理、有序的流转,促进有限农地资源在更大范围与程度上流动和配置,具有重要的研究意义。

二、研究目的

农地流转是利益主体行为表现的结果。本书选取与农地流转有利益关联的主体,既有直接主体,又有间接主体,对其在农地承包经营权流转中的行为选择进行分析,探究影响农地流转主体行为选择的因素,构建有效的激励机制,为农地流转的高效配置奠定理论基础与决策建议。本书试图解决下列几个问题:

一是构建一个全方位的分析农地流转主体行为的理论框架。探究理论框架内各利益主体间的关系,分析各利益主体在角色定位、参与目标下的行为现状。

二是探究农地流转利益主体行为的影响因素。在对各利益主体行为现状分析的基础上,探究农地流转主体行为的影响因素,从内、外部两个方面分析对农地流转主体行为选择的影响程度;结合实地调研数据,分析农地流转主体——转出方的流转意愿和行为,揭示在外部与内部环境影响下,流转主体的决策选择与行为表现。

三是优化农地流转利益主体行为。通过理论分析和实证检验,推进农地承包经营权的合理、有序流转,激励相关主体行为,辅以相关配套政策的保障,最大化其主观能动性和积极性,切实推进农地承包经营权的流转。

三、研究意义

(一)理论意义

农地流转是一项系统工程,农户农地流转行为并不是一个孤立的行为,而是外部因素与内部因素共同作用的结果,本书构建了农地流转相关利益主体行为选择的理论框架,涵盖中央政府、地方政府、农地转出方、农地转入方和中介组织等五维经济利益主体,相比以往研究,更加客观、真实、全面、具体;运用 PEST 方法分析了影响农地承包权流转主体行为的外部因素,并与内部因素一起构建起了一个全面反映流转主体行为的指标体系,并运用层次分析法对影响因素的重要性程度进行了总体排序,为对进一步深化农地流转主体行为理论研究提供了一个新视角。

(二)实践意义

本书结合调研地区样本数据,对农地流转相关利益主体行为现状进行分析,试图描述各利益主体关于推进农地流转的决策行为与选择;通过把握流转主体农户流转决策行为形成过程,预测农户农地流转行为;通过了解制约农户农地流转行为的外部与内部因素,确定制约农户转出农地行为因素的影响程度,分析现行农地流转发展不畅的原因,寻求破解问题的对策,为提供具有普适性的农地流转政策提供决策参考与实践依据,因此本研究具有重大的现实意义。

第二节 国内外文献研究综述

一、国外文献研究综述

农地承包经营权流转是带有中国特色的、符合我国国情的制度产物,国外所涉及的农地流转主要是土地私有制下所有权和使用权的流转,对农地流转的研究多从农地产权制度、农地的交易方式和绩效研究、农地交易的影响因素研究等,而对农地流转涉及的相关利益主体的行为研究多为个体农户有关行为的研究,此外对政府及中介组织的研究也较少。国外文献主要研究如下。

(一)农地流转研究

1. 农地产权制度研究

国外文献对农地产权制度的研究,多为产权制度的类型、产权的稳定性以及明晰性等的研究。Futian Qu,Nico Heerink 和 Wanmao Wang 认为,中国改革开放以来推行的农地承包制度实现了土地和劳动力的融合,农业生产率提高,粮食产量增加;农地承包经营权流转市场的建立促进了各生产要素的流动,优化了农地资源的市场配置,提高了配置效率[1]。Hu Wei 则把农地的家庭承包制度视为租佃制度,认为其最大优势是实现了“按劳分配”,农民劳动生产的积极性提高[2]。James Kai - Sing Kung 认为农地的调整频率与农民农地承包权之间存在正向变动关系,产权公有并没有使得农地调整的成本高昂[3]。Alchian 和 Demsetz 认为农地产权是否稳定影响农地所有者的投资意愿,农地产权越稳定,投资意愿越强烈,即农地产权稳定性与投资激励呈现正相关关系[4]。Feder 和 Feeney 则认为农地产权明晰能够降低交易费用,增加投资预期,促进农业生产率提高,从而实现农地的规模经营[5]。

2. 农地的交易方式和绩效研究

关于农地交易方式,主要是交易方式、交易程度、交易频率等研究。Basu 认为,限于农地的金融、保障支持和社会保障制度的缺失,农地租赁比农地买卖市场更能凸显效率,是农地交易的主要形式[6][7]。Vikas R. 则对印度土地买卖市场进行了研究,认为农地租赁比农地买卖市场表现活跃[8]。Wegren Stephen K. 通过对2000 年俄罗斯农地交易市场研究发现,农地交易比例高达 42%,农地流转非常活跃[9]。

关于农地交易绩效,Wang 和 Gail 认为农地流转对促进农地的规模经营影响显著,能够获取规模经营的潜在效益[10]。速水佑次郎也认为,农地承包经营权流转能促进农地的规模经营和规模经济,实现农业效率的提高[11]。Liu S 等认为,农地流转的边际产出拉平效应和交易收益效应同时兼备,能够促进农地资源的优化配置和增加农民收入[12]。Besley 认为,土地交易程度的提高使得农民土地投资的积极性提升,若土地转让权受限,就会阻碍经济增长[13]。Elizabeth 和 Chip 则认为农地的狭小分散制约了农地的规模经营,降低了农地的产出效益,弱化了农产品的市场竞争能力[14]。

3. 农地交易的影响因素研究

国外文献关于农地交易的影响因素研究,主要体现在经济增长、交易费用、农户个体因素等。Muth 运用模型进行计量分析的结果是经济增长与农地流转存在显著的正相关[15]。Jin 和 Klaus 认为,除了经济增长水平,劳动力的非农转移及其转移程度也是农地流转的重要影响因素[16]。Bogaert 则把农地流转交易费用的增加归因于国家制度层面,另外经济发展水平的高低和市场环境的优劣也是重要的影响因素[17]。Deininger K 和 Jin S 从农户微观角度实证分析的结果是,农户的农业生产能力越低、人均土地面积越多、教育水平越高、非农就业的经验越多、非农资产比重越高,其转出农地的意愿越强[18]。

(二) 农地流转相关主体行为研究

1. 农户的行为研究

国外对农户行为的研究是基于农户行为的经济理性、社会理性及有限理性展开的研究。国外对农户行为主要研究如下。

(1)关于农户的经济行为研究

舒尔茨在对传统农业的特征做进一步分析时,驳斥了"传统农业中生产要素配置效率低下"的观点,该观点把传统农业社会的农民看作是愚昧无知的、落后的,经济行为缺少理性,导致生产要素的配置效率低下。舒尔茨对这个观点持否定态度,他在 1987 年出版的《改造传统农业》一书中提出了著名的经济效率假说,"在传统农业中,生产要素配置效率低下的情况是比较少见的。"[19]该假说蕴含了没有任何一种生产要素未得到利用的观点,也就是说,即使是一个精于农业经营的外来专家,他也找不到这里的人民对生产要素的配置的低效率之处,也就意味着这里的男人、女人抑或是能够干活的孩子,不会存在隐蔽失业和就业不足的问题。他们精于算计,年龄很小的孩子只要能够去田间干活而获得有价值的贡献,他们就不安排时间去上学,他们能够对利润做出反应,一个便士也不会放过。另外,对检验该假说时,舒尔茨对危地马拉的帕纳加撇尔(印第安人社会)和印度的塞纳普尔(印度人社会)这两个传统农业社会的详细资料进行了考察:印第安人"首先是一个企业家、一个商人","全世界的农民都在与成本、利润和风险打交道,他们都是时刻算计个人利益的经济人,在自己那个小小的个人的分配领域里,这些农民都是企业家。"通过对该社会人们的行为及许多关于价格、成本和收益分析验证了这种推论:在当前生产中人们在配置他们所拥有的生产要素是非常有效率的。在对印度的塞纳普尔的人民进行研究时,认为塞纳普尔是贫穷的。那么人们在使用所拥有的生产要素时是否具有效率呢?舒尔茨引用了W.戴维.霍珀的研究成果:“到过塞纳普尔的人都不得不对农民利用自己的物质资源的方式感到惊讶……在技术和实践上做出某种改进,从而社会经验知识也改进了。”那么塞纳普尔人民是否挖掘了利用物质物资的所有潜力?舒尔茨根据霍珀对三年绿豆市场的价格进行了实证研究,结果为“市场价格和暗含价格非常接近。”说明了塞纳普尔的人民对所得到的各生产要素的配置是有效的。所以,不管是贫穷的印第安人还是贫穷的塞纳普尔人民,他们都是理性的,都能够利用价值规律,对经济刺激做出正确的反应,“贫穷而有效率”有力地论证了舒尔茨经济效率假说。

Samuel假设农户是理性的,他们可以根据自己的个人偏好和价值观念估评自己行为选择的结果,并作出使个人和家庭福利的最大化选择[20]。此观点和舒尔茨的理性小农观点接近,都是对自由竞争市场和经济剩余前提下的小农进行分析,都强调了小农在利用生产要素时持有理性动机,只要具备充分的外部条件,农民便自觉理性配置各种生产要素,实现福利最大化。但是,他们的观点是把传统农业看成一种特殊的经济均衡状态,农户对生产要素的投资和收益基本上是均衡的,在这样的组织行为中,农民的行为可以看作完全理性行为。虽然该理论不符合当前中国现实,尤其是舒尔茨的“贫穷而有效率”受到诸多质疑,但是该理论对农户行为理性的研究却是一种全新的视角,为我们在市场经济条件下对农户的理性行为指明了方向。

(2)关于农户的社会行为研究

恰亚诺夫是俄国杰出的农业经济学家,其在20世纪20年代末创建了小农模型,1996年又通过对1930年集体化之前的俄国村社农民进行了长达30年的跟踪调查,获得了丰富的历史资料,研究表明:小农主要是为了生存而生产,而不是单纯为了利润最大化而生产,他们不会雇用劳动力,一般选择一家一户独立经营,这种经济态势和自给自足的自然经济差不多,小农的最优化选择是最小化的农业生产风险,是自身的消费满足程度和劳动辛苦程度间的均衡,而非成本-收益的权衡,也就是说只要生存需要没有得到满足,他们就会投入劳动[21]。

J.C.斯科特通过进一步的考察对该理论进行了阐释和扩展。他认为,具有强烈生存趋向的小农追求安全第一[22]。他们懂得生存法则,懂得趋利避害,有些表面不可理喻的行为却反映出他们规避风险的理性考虑,他们追求的是风险最小,而不是盲目追求利润最大化。利普顿(Lipton,1968)在《小农合理理论》中在风险等不确定的情形下对农户的经济行为进行研究,认为贫穷小农的生存需要的是风险厌恶,其经济行为体现了“生存法则”[23]。

恰亚诺夫等学者们的生存小农理论诠释了人们为了生存的道义理念,阐明了小农对风险的态度,是我们对小农行为研究的起点,虽然研究比较符合当时的社会现实,但是用“生存原则”的普适化来诠释所有农户的经济行为选择具有一定的局限性。

(3)关于农户的有限理性行为研究

农民的理性假说随着行为科学的发展,一直备受争议。农民的经济行为到底具有经济理性还是社会理性,理论界一直在相互批判和修正着。农民的经济行为存在第三种理性?美国的经济学家西蒙从心理学角度在理论上提出人的有限理性假说,认为人的决策行为不仅受到自身条件(比如信息的收集、问题的处理及对环境的适应能力等)的约束,还会受到外界因素(信息和环境的变化、时间的推移、科技的创新等)的制约。人们在决定过程中寻找的并非是“最大”或“最优”标准,而只是“满意”的标准[24],即人们在决策时,不是采用最优或最大的标准去选择方案,只要备选方案令人满意就是最好的选择。所以,人们的选择是有意识的,完全理性不可能存在,经济理性和社会理性并存。对于传统农业社会的农民有限理性更为明显,信息的闭塞、风险的不确定性使得传统农民不得不在低风险和高收入间进行权衡。处于生存边缘的农民,稳定的收入比高风险下的高利润更实际,所以农民经济决策中的社会理性的存在并不代表他们放弃了经济“利润最大化”的追求。

黄宗智通过对中国华北农村的农民经济行为进行实地调查,证明了农民经济行为的有限理性[25]。Stone 通过研究发现,农户由于信息解读、利用能力的限制,在种子选用的决策行为上受到其他农户的影响,羊群行为表现明显,凸显了农民理性的有限性等[26]。

2. 政府行为研究

国外对农地流转中的政府行为研究多强调政府介入、干预,分析政府的介入程度对农地流转的影响。Steven 基于佃农理论,认为政府过多地介入农地流转市场,致使农地资源配置无效,而赋予农户完整且明晰的产权,允许农地的自由流转,才能最大化地提升农地各生产要素的配置效率[27]。Macmillan 认为农地进行自由交易,需要政府的介入和干预,以免市场失灵和土地利用率、土地价格频繁波动[28]。Claudio Frischtak 则认为,政府干预农地市场能够弥补市场缺陷,却降低了农地市场交易效率[29]。Eleonora 等通过研究斯洛伐克的农地交易市场,发现政府的干预(或直接或间接)造成了农地交易价格偏低,虽然使得土地交易需求的增加和土地交易效率的提升,但农地资源的优化配置却难以实现[30]。

3. 中介组织行为研究

国外学者多认为中介组织的金融支持、科技服务等为农地流转注入了动力和活力。Smithson、Simon 认为土地信托银行为农地流转提供土地信贷、融资等金融支持,为农地流转提供了资金动力[31]。索尔福德大学 认为日本等东亚国家,大多设立土地信托银行或信托公司充当农地流转中介,为农地流转提供信托资金等金融支持。国外设立的农业科技中介组织,主要有以下三种:政府主导推行的科研部门与教育部门联合的农业科技服务机构、农业服务企业及社会化服务组织，为农业发展提供科技动力。为促进农地使用权的合理流转，日本成立了许多中介组织，如农协、农业委员会等，截至2002年，日本农业生产中介组织已达7 820个[32]。中介组织为农业生产提供产前、产中、产后指导，组织产品流通、进行信用服务等，农协提供借贷资金给合理化法人用于租借或买入土地，借贷期间的利息支出则由政府承担。法国成立土地事务所负责土地的转让或租赁的管理工作，成立的土地银行将购得的土地进行再租赁，在一定程度上加快了农地流转的步伐。

二、国内文献研究综述

国内对农地承包经营权流转行为选择的研究，主要集中在相关利益主体的利益博弈、相关利益主体的行为选择、主体行为选择的影响因素及对策建议等方面。

（一） 农地承包经营权流转利益主体的博弈研究

农地承包经营权流转涉及多个利益主体，基于不同的利益诉求，多方主体展开利益博弈，所以说农地承包经营权流转的过程其实是农地多方利益主体进行利益博弈的过程。国内学者关于农地承包经营权流转相关利益主体的博弈研究较多，主要体现在以下方面：

1.二维利益主体博弈

王靖凯基于成本－效益分析视角，分别构建了农地供给方和农地需求方利益模型，认为不管农地转入方转入的农地好坏，均需保证其转入收益或期望收益大于零，并制定农地转入策略，实现纳什均衡[33]。尹涛同样基于农户成本—效益分析视角，把农户划分为不同类型，并对其流转意愿及其决策行为进行博弈分析，认为流转行为若要发生，需要劳动力、资金以及农地投入要素共同作用，确保农地流转双方实现最大的经营效益，流转双方达成一致的价格是博弈均衡的关键[34]。

王辉则从农地承包经营权流转进程中影响农民主体地位缺失的内部因素和外部因素着手，认为提高国家监管部门监管的准确率，才能遏制村集体或地方政府对农民的掠权行为，农民的主体地位方能彰显[35]。冯玲玲、邱道持等在重庆市璧山县的农地流转情况分析的基础上，选取普通农户（农地供给方）、农业经营大户（农地需求方）两个主要流转主体，构建二维主体利益模型，博弈分析的结果是供需双方进行农地流转的动力是双方均获得收益增量，理性经济人以及最大化的经济利益的驱使使得供需双方展开利益博弈，农地流转规范、合理与否很大程度上受到流转价格和收益的影响。但限于市场因素的影响，作为农地供给方的农户受地域、自身行为能力等影响，信息获得不充分；同样，作为农地需求方的农业经营大户，不完善的中介市场体系使得其获得信息的成本较高，再加上农业规模经营面对的自然、市场两大风险，难以实现收益增量的最大化，此时供需双方的利益博弈是完全动态的，呈现的却是不完美信息动态博弈[36]。

2. 三维利益主体博弈

李霄认为，农地承包经营权流转中涉及的利益主体有农村基层政府、农户、土地非农户使用者，农地经营权在三方主体间转移的过程中，表现为不同的性质：农地经营权在农村基层政府与农户间流转时，其表现为生产品；农地经营权在农户与土地非农户使用者间流转时，则表现为资本品或商品。基于自身利益最大化的预期，对农村基层政府与农户、农户与土地非农户使用者进行利益博弈，分析了各自决策行为[37]。刘振勇把农地承包经营权流转的利益主体分为三类：直接利益主体（农户、乡镇、村集体等）、相对利益主体（农地转入方）和间接利益主体（地方政府），认为农地承包经营权流转是各方利益主体基于自身利益最大化的博弈[38]。夏涛、谢德体通过动态博弈方法分析了中介组织介入前农地流转承包方和发包方进行一次和有限次利益博弈时，易陷入“囚徒困境”，引入中介组织后，借助于中介组织的监督力量，农地承包方和发包方履约和合作的概率增加。为确保中介组织履行监督职能，构建了政府管理机构和中介组织的博弈模型，认为中介组织若对农地承包方和发包方采取纵容的态度，政府管理部门应加大监管力度和惩罚力度[39]。李中则从农地承包经营权流转过程中基层地方政府、农户、中央政府所扮演的角色及博弈能力入手，认为地方基层政府参与农地流转的目的是促进财政增收，中央政府的目的是在控制耕地的基础上，优化农地资源配置，而农民的目的则是增加收入。但同时他认为，三个行为主体所处的社会地位、占有资源的数量以及农地流转进程中采取的战略不同，导致利益博弈的能力不同，对农地流转的影响亦不同[40]。于传岗从历史演化的视角，对农地制度变迁中的相关利益主体：农户、集体和政府进行博弈分析，由于利益主体在权能的实现上（收益权及经营分割权）存在利益冲突，再加上各权益主体不同的收益目标函数，使得当前的流转博弈呈现三大农地流转模式：政府主导型、集体主导型和农户主导型。在此基础上，对三大模式下农地流转的相关利益主体进行了利益博弈，从历史分析的视角，认为农户主导型模式更具效率，更能顺应经济社会等发展[41]。刘贵清认为，农地承包经营权流转主体即博弈关系的主体，包括政府、转出农户以及农地承接者（农地转入方），三个主体间的辩证关系是多维的，政府角色的不同导致了多维主体关系的不同。进而根据政府是否参与农地流转划分为三种形式：非利益主体的不参与、间接参与以及利益主体的直接参与，并分析了三种模式下各行为主体间的博弈关系。他指出，三种参与模式并存的基础是各模式存在条件及其发挥区域不同。农地流转程度较高的经济发达地区，流转较为规范，不需要政府的介入，流转自由且集中；农地流转市场不规范，博弈合作难以发生的情况则需要政府的直接介入；当前的农地流转多为政府间接参与，政府引导并规范流转行为的发生[42]。

3. 多维利益主体博弈

王颜齐、郭翔宇基于“反租倒包”模式的形成机理，构建了“反租倒包”模式中政府、农户、农业企业、村委会等参与主体的关系模型，从博弈视角分析了各参与主体的关联关系，并对反租环节农户与村集体的博弈行为和倒包环节农户与农业企业的博弈行为进行了分析，认为利益最大化的驱使导致农户和农业企业不能兼顾对方和社会利益，需要政府介入进行组织和协调；而农户和村集体的利益博弈则由于村集体的职能定位不合理以及潜在寻租空间的存在导致农户权益受损，需要弱化其行政功能及缩小其行政干预空间[43]。石冬梅、王健等从农地承包经营权流转的内涵和现状入手，认为农地流转不畅的影响因素之一是信息不对称、流转不规范等致使农民农地流转权益难以得到保证，进而对农地转出方、农地转入方、政府、中介组织进行成本－效益分析，分析的结论是农地流转若要规范、合理地进行，各行为主体均需实现各自的博弈均衡[44]。孟晓虹、石冬梅把农地流转参与主体形成的委托－代理关系划分为三类：农户主体间的单层委托代理关系；农户与土地中介机构间的循环委托代理关系；农户和集体经济组织间的双重委托代理关系，进而对农地流转的参与主体进行成本效益分析和利益博弈[45]。吴百花认为农地承包经营权流转涉及多方社会利益主体，地方政府主导推行的农地承包经营权流转制度安排作为制度供给，必将存在多元主体的利益博弈[46]。李启宇把农地承包经营权流转中涉及的相关利益主体界定为农地流转的支持者或领导者——乡镇政府，地方政府与农民的链接纽带——农村集体经济组织，以及经营主体——农地转出方和农地转入方，分析了各相关利益主体的角色、职能，并对其进行博弈分析，提出流转的意愿及其收益的实现程度决定了农地流转的程度[47]。

（二） 农地承包经营权流转利益主体行为研究

农地承包经营权流转涉及多个利益主体，各主体在农地承包经营权流转中角色定位、行为能力、利益机制及其参与程度等不同，所表现的行为亦不同。

1. 农户行为研究

国内学者对农户行为的研究多从农户的经济行为、行为的理性判断以及农户农地流转行为等角度进行分析。

(1)关于农户经济行为的研究

韩耀结合我国农业自然属性及发展实际、农户内部的关联关系认为，农户生产行为是生产性兼具商品性，理性兼具非理性，经济目标兼具非经济目标，一致性兼具多样性，认为研究农户经济行为仅从经济因素出发还不够，还要考虑非经济因素[48]。马鸿运将农户经济行为界定为一定目标下农户为满足自身某种需要而进行的经济活动，包括农户的消费、投资、储蓄、择业行为以及社会约束条件等[49]。史清华把农户作为经济单位和社会单位，分析了农户经营行为的目标，认为农户的经营行为是为了实现家庭经济资源配置的合理性，促进资源的高效利用[50]。郑风田基于制度安排的视角界定农户经济行为，提出了制度理性假说，认为农户的经济行为是制度安排的产物，制度的适宜与否直接决定着农户的行为是否理性，故农户的经济行为复杂而多样[51]。

(2)关于农户行为理性的研究

林毅夫基于现代经济学的核心假设,认为小农的经济行为具有理性,但受认识能力限制[52]。何蒲明、魏君英认为,农户作为理性的经济个体,在经济活动中追求经济利润最大化的同时,还追求稳定的收入,力求风险最小化[53]。王正环认为,不同农户的农地经营效率不同是农地承包经营权流转的根源,其本质的决定因素是农户的理性行为决策[54]。钟涨宝、陈小武等认为,农地承包经营权流转的农户决策行为是有限理性行为[55]。孔祥智以农户经济行为目标为研究视角,对不同区域、不同收入水平下的农户的经济行为进行了实证分析,分析的结论是区域市场的发育程度不仅影响农户的经济行为,还影响农户的市场行为,均表现为正相关;农户收入水平的提高对农户经济行为目标的影响表现为正相关,与区域无关[56]。陈铭恩、温思美通过对农业投资进行实证分析,认为农业投资的边际收益增加,对农户投资行为的促进作用非常明显[57]。

(3)关于农地流转行为的研究

钟涨宝、汪萍通过选取不同经济发展水平区域的农户为研究对象,研究其农地流转行为,对比分析的结果是区域经济发展程度对农户农地流转行为的差异表现明显,从而得出在现有的农地流转制度安排下,农户的农地流转行为首先体现其经济行为,其次是社会行为,即经济行为和社会行为并存的结论[58]。钱龙、洪名勇等以贵州省三个县若干农户为例,研究视角着眼于差序格局社会关系和利益取向,对农户的契约选择行为进行了实证分析,认为农户的契约选择行为与差序格局社会关系、利益取向关系显著,即血缘和地缘关系越远,获取的货币租金越多,书面契约的概率越高,进而说明农户的行为选择不仅具有社会性,而且具有经济性。此外,差序格局社会关系对农地转出户影响显著,而利益取向影响甚微[59]。叶剑平、蒋妍等对 17 省农地流转契约情况进行调查,显示约 86% 的转出农户未签订书面合同,且流转对象多为与自己有着相同地源和血缘的农户,流转行为存在较大的随意性等[60]。董志勇从羊群行为视角分析农户的农地流转行为,认为当信息不对称或行为个体自身能力导致信息辨别、筛选能力不足,造成其难以掌握完备的信息,致使其信息的获得倾向于采纳他人的信息,在行为方式的选择上也与他人类似[61]。杨卫忠基于农地承包经营权流转收益和社会网络的影响,构建了农户的决策树模型,分析羊群行为产生的机理,并对提出的羊群行为形成条件假说进行验证,结论是农户的决策行为易受亲戚朋友(强关系)流转意愿的影响,且与参与数量强的正相关;同时还受其他农户(弱关系)流转意愿的影响,与参与数量正相关,比较而言,其正向效应要弱于“强关系”[62]。熊浪、陈白森通过对浙江、湖北部分地区农户的农地流转情况进行调查,结果显示农户农地流转倾向于短期流转,与其生存环境的好坏无关,生存伦理意识仍较强[63]。

2. 政府行为研究

在角色定位上，王守智认为，当前的农地承包经营权流转属于政府主导型，政府扮演的角色是组织引导者、管理者和服务者[64]。赵建森对河南省新乡市农地流转实践中的政府行为进行了调查，剖析了政府的行为和农民的态度，认为要推动农地承包经营权的合理、有序流转，政府不仅应扮演好指导者、组织者，还要扮演好监督者和服务者的角色[65]。刘双良则认为流转实践中，政府偏离了其服务职责，变成了土地供给的垄断者和利益的抢夺者[66]。

在行为的分类上，郎佩娟从政策法律的制定、执行、监督角度把政府的行为划分为三种：抽象行为，具体行为，服务、指导行为[67]。陈丽华把农地承包经营权流转中的政府行为划分为积极行为和消极行为，积极行为表现为出台相应的农地流转政策规章助推农地流转、中介组织的组建、引导农村基层组织参与农地流转，一定程度上确保流转稳定进行，流转成本降低；消极行为表现为角色缺位或错位，致使流转无序进行，违背农民意愿强制流转等。同时认为，政府的积极行为和消极行为是“诺斯悖论”的体现，消极行为的发生根源则是有效率的制度安排不利于政府官员和基层组织实现其最大化利益，作为理性经济人，当个人、局部矛盾同公共、整体利益发生冲突时，他们宁愿维持无效或低效的制度安排，放弃有效的制度变革以保障个人或局部利益的实现[68]。

在行为的动机上，潘佩佩认为地方政府出于政治、自身利益的需要，导致土地失范行为[69]。李鹏、王文昌等则分析了农地承包经营权流转中的政府主要失范行为：职能的越位行为、缺位行为和错位行为[70]。伍振军、张云华等则在借鉴国外学者交易过程分析方法及国内学者农地流转分析方法的基础上，把农地承包经营权流转模式划分为M、M－、S＋和S，分析了相应模式下政府的扶持行为。他认为农地流转市场发育情况不同，政府的扶持对象亦不同。在M、M－、S＋三种模式中，农地流转市场情况依次表现为市场较为完善、市场初步建立和市场尚未建立，政府行为表现依次为扶持市场参与主体、扶持需求主体和扶持中介组织；而S模式缺乏市场流转体系，农地流转自发进行，政府行为职能缺失[71]。

在政府职能发挥上，郭晓鸣、韩立达等通过对成都试验区农地承包经营情况进行分析，认为农地承包经营权的有序流转离不开市场，必要的政府管理、监督同样不可少。当前，政府的行为主要表现在流转进程中的政策指导、流转程序设置和服务以及农地流转后，转出农户的就业和社会保障的提供。但是，在农地承包经营权流转实践中，政府行为却存在着程序设置复杂、中介服务功能不完善、有效信息平台缺乏、价格评估体系不健全和服务职能欠缺等缺陷，所以，推进农地承包经营权有序流转，需要规范并强化政府的行为[72]。曾红萍强调了农地流转的政府推动职能（资本和农民的双推动）[73]。宋辉、钟涨宝则认为，成本收益的“理性选择”致使地方政府在行为选择上，偏离了公共服务的初衷，引发政府失灵，提出推动农地流转顺利进行，应规范政府行为，构造公共型、规范型、服务型和市场型政府[74]。文小才认为，现行地方财政政策在内容设定及执行方面存在缺陷，约束了农地流转，认为地方政府应强化财政支农力度，引导农地流转合理进行[75]。

3. 中介组织行为研究

国内学者认为，中介组织的智能发挥多表现在服务、监督、沟通、协调等方面。王守智把中介组织界定为法人性质，认为其是连接农户和市场并为之服务的媒介，职能表现在服务、监督、沟通、公证等方面[76]。钟涨宝、狄金华认为农地流转是中介组织产生的载体，其是连接农地流转的供求双方主体并为之进行沟通和服务的介质[77]。刘政坤、强昌文则把中介组织界定为连接市场主体并为之提供信息和便利的组织，强调的是其服务职能[78]。王志章、兰剑把中介组织界定为服务性、市场化、法制化和负责任的组织，将其职能划分为主要职能和其他职能：主要职能体现在流转程序上，包括流转信息的登记和发布、流转签约的指导和协调以及跟踪服务和矛盾调处功能；而其他职能中，连接政府和农民、市场交易信息的搜集和分析，强调了中介组织的服务职能，而市场经济秩序的维护则强调了中介组织的监督职能[79]。陈姝洁、马贤磊等将中介组织根据政府参与程度的大小划分为内生型和外生型两种：认为政府力量介入的外生型中介组织加大了农地转出、转入的可能性，以及参与程度；而需求导向为主的内生型中介组织有利于农地转入和参与程度，但不利于农地转出[80]。杨展认为中介组织介入农地承包经营权流转，一定程度上能够降低信息、谈判和履约成本等[81]。

（三）农地承包经营权流转利益主体行为选择的影响因素研究

农地承包经营权流转涉及相关利益主体的定位、行为、利益分配机制等在一定程度上均会对农地流转产生影响。但政府的宏观调控、扶持、干预等行为以及中介组织的服务、监督等虽然会对农地流转产生积极或消极的影响，但其效用发挥的实质是如何规范、引导、扶持农民的流转行为，农民作为农地承包经营权流转的直接主体，对其行为选择影响因素分析极其重要。学者们的研究主要围绕农民微观个体分析，讨论了农户的个体因素、农地流转的意愿和行为选择等。

钱文荣通过对奉化市的 7 乡镇的农户进行随机抽样，定量分析了农户进行农地流转的意愿和行为，结论显示农业收入和农户转入农地的意愿关系显著，农地流转的意愿和行为受地区经济发展水平的影响，同时还对农地承包经营权流转机制及流转模式的选择产生根本性影响[82]。陈成文等选取农村社会阶层视角，分析不同社会阶层农地流转的意愿和行为选择。结论显示，阶层意识及其特点是影响各阶层农地流转意愿和行为的主要因素。何国俊、徐冲在对农户行为及农地流转行为定性分析的基础上，利用 Logistic 模型进行定量分析，认为人均收入水平、社会保障及替代程度与农户农地流转的意愿呈现正相关，且关系显著，外出就业找寻时间越短，农户农地流转的意愿越强[83]。刘洋、刘慧君采用 Logistic 模型进行分析，结果表明,农户参与土地流转的意愿受到非农就业率等多种因素的影响和制约[84]。

侯石安通过二元选择分位数回归模型分析农地、人力资本、财产禀赋以及国家财政支农补贴对农户流转行为的影响,分析结果显示:初始禀赋条件越差的农户,农地的社会保障功能越强,农户转出农地的意愿越差;农户的受教育程度越高,农户转出农地的意愿越强,转入意愿恰恰相反;各种农业补贴对农户转入农地的作用甚微;农地的金融支持增加了农户转入农地的意愿,对转出农地的意愿不明显[85]。

钟文晶基于农户认知视角对农户的农地流转行为进行 Logistic 分析,认为农户的四个认知幻觉引发的交易费用对农地流转行为的影响不同:农地资源禀赋、收入实现及农户能力幻觉引致的交易费用不利于农地转出;合约幻觉即缔约的形式、期限、效力等产生的农地流转稳定性的预期,引致交易费用与农地流转行为关系正相关;保障幻觉引致交易费用增加,抑制农地流转行为的发生;农地用途及增值幻觉引致流转的不规范和不稳定,预期交期费用增加,阻碍农地流转行为的发生[86]。

郜亮亮、黄季焜通过村级流转管制对农地流转行为的影响进行了定量分析,认为村级流转管制影响农地流转行为,且管制的流转效应恒定,交易权是否完整对农地流转行为的发生有着重要的影响,要促进农地流转行为,必须减少村级土地流转管制,降低交易成本[87]。

聂建亮、钟涨宝从农地保障功能替代的视角,分析其对农地转出农户的意愿及其行为的影响。Logistic 模型实证分析的结论是:个人和家庭的农地就业保障替代程度越强,农户越愿意转出农地;以非农工作为主以及家庭劳动力转移数量越多,农户越愿意转出农地;农村养老保险的普及程度越高,对农地养老保障替代程度越强,农户越愿意转出农地。此外,农户的个体特征(性别、年龄、受教育水平、身体状况)和家庭规模对农户转出农地的意愿的影响亦非常显著[88]。

冀县卿、钱忠好等通过对苏、桂、鄂、黑省区农户的农地流转行为进行了实证分析,认为交易费用的存在抑制了农地转出方和转入方的意愿和行为[89]。王兴稳、钱忠好等认为教育及其农业培训促进了农户转入农地的意愿和行为,但教育对转出农户的影响不显著,农业培训则会抑制农地转出行为的发生[90]。马贤磊、仇童伟等则认为农地承包经营权流转行为的发生是农地产权安全性产生的生产、交易价格及成本效应的叠加影响的结果[91]。蒋永甫、徐蕾认为从农户的经济理性能够分析农户进行农地流转的意愿,但不完全;从农地价值的视角进行分析,认为农户进行农地流转决策是基于农地的非市场价值而非市场价值,这是导致农地流转意愿不强的关键所在[92]。陈通则认为农户的风险认知及其负面情绪均对农户农地流转的意愿产生了影响,禀赋效应则充当了媒介等[93]。

(四)完善我国农地承包经营权流转利益主体行为的对策建议研究

学者多从法律法规的完善、建立有利于农地流转的利益诉求机制、发挥政府的服务职能等入手,完善并优化农地流转主体行为。周晓唯、孙赟等认为,应建立健全中介服务体系，降低市场交易费用；完善农地流转市场法律法规，约束相关利益主体的不规范及不法行为，实现农地流转交易市场的公平、公正和效率；完善农村社会保障制度，弱化农地的生存、养老、就业等保障功能，拓宽就业空间，增加非农就业机会；加大农业科技投入力度，全力提升农业科技水平，通过科技带动农地流转，促进农业生产率的提高等[94]。宋辉认为，相关利益主体相互协调，形成合力：如界定并厘清相关利益主体角色，构建利益共享机制；培育新型农地流转主体，协调好各相关利益关系；完善农地流转权利制度保障等[95]。李晓琳、韩喜平强调，培育新型农业经营主体作为拉力，农民市民化作为推力，农地经营权确权颁证为内源力，三力联动形成合力，整合并实现农地各生产要素的有序流动[96]。蒋永甫、李松认为，实现农民生存条件的改善、权益保障，尊重农民的劳动权益，发挥并完善政府的服务职能，提升农地的非市场价值，实现农户农地流转行为的改变并优化其行为决策选择，促进农地承包经营权流转[97]。赵宁认为，农地流转中政府、农地转出方和农地转入方利益诉求不同，使得各主体在利益分享机制中存在收益型、意愿型和农地利用型矛盾，协调各主体间矛盾，规范主体行为，应建立农民的支持激励机制，政府公共服务供给机制以及三方主体监督约束机制相结合的主体联动机制[98]。

三、简要述评

通过对国内外研究文献进行梳理，可以看出虽然国内外的文献对相关利益主体的行为选择基于不同的视角、不同的理论、不同的研究方法进行了定性或实证分析，研究成果颇丰，对本书的研究提供许多可供借鉴之处，但是，农地承包经营权流转相关利益主体行为选择的研究，本书认为还需要在以下方面进一步完善。

(1)国外并没有农地承包经营权流转的概念，农地承包经营权流转是具有中国特色的一个概念，国外涉及的农地流转多是土地私有制下农地所有权和使用权的流转，主要讨论农地产权制度、农地交易方式及其绩效和影响因素等问题，涉及中国土地制度研究的内容较少，多为一些国内学者在国外期刊发表的相关研究；国外文献对农户的研究主要从经济行为的完全理性、有限理性和社会行为的角度进行分析，但多为理论解析，缺少对农户个体的实证研究；对政府行为研究大多是基于政府干预的视角，而对政府的服务和监督职能研究涉猎较少。

(2)关于农地承包经营权流转主体行为选择研究，国内研究主要在相关利益主体的利益博弈、农户行为选择分析、农户行为选择的影响因素分析等方面成果丰硕，但也有一些内容需要关注：

一是现阶段农地流转主体的行为选择研究，多数文献孤立或单纯地从农户的视角定性和定量分析农户的农地流转行为，即便对多个行为主体进行研究，也多是分析各行为主体基于利润最大化的一般意义上讨论，较少具体化为各行为主体在角色定位、参与目的和参与程度上分析各主体行为的表现；而实际上农户流转行为的选择与实施是一个系统工程，现有文献缺少对中央政府、地方政府及中介组织等行为的讨论。构建中央政府、地方政府、农地转出方、农地转入方及中介组织等五维主体，形成各利益主体行为选择的理论框架对此研究相对较少。

二是关于流转主体行为的影响因素分析，多数文献多是从农户个体即内部因素分析农户农地的流转意愿和行为，笼统地分析制约与影响因素，没有主次之分。鲜有从外部因素和内部因素相结合的视角进行研究，对内、外部影响因素的重要程度进行排序的讨论较少，基于层次分析法选取影响转出农户的重要因素进行 Logistic 分析的更是少见。

第三节　主要研究内容与研究方法

一、主要研究内容

本书的研究内容分为以下八个部分：

第一部分　引言

该部分对本书的研究背景、目的和意义进行了阐述；对国内外文献进行了梳理和简要述评；对文章的研究内容、研究方法等进行了简单介绍。

第二部分　研究的概念界定和理论基础

对农地承包经营权及其流转、农地承包经营权相关主体及其行为的进行概念界定；梳理了农地承包经营权流转利益主体行为选择的理论基础，包括产权理论、制度变迁理论、博弈论、行为经济学理论，为文章的后续研究奠定了坚实的理论基础。

第三部分　我国农地流转利益主体行为选择的理论框架

农地流转的问题，归根结底是相关利益主体基于自身效用最大化进行利益博弈选择的问题，包括对政府与农地转出方、农地转出方和农地转入方、中介组织与农地流转方、中央政府和地方政府进行成本—收益的利益博弈，探索各行为主体的决策行为。

第四部分　我国农地流转利益主体行为选择现状分析

本书结合黑龙江省方正县、五常市，河南省滑县，江西省余江县等三省四县市的农地流转主体行为的调研数据，对农地转出方和转入方就农地流转的目的、态度、形式、约束条件等进行分析，探究农地流转双方的行为表现；从宏观调控行为和具体的制度安排分析了中央政府的行为；从国家政策的落实情况、地方相关配套政策的制定、实施及目的对地方政府行为进行分析，最后对农地流转中中介组织的信息沟通和利益协调展开对中介组织的行为分析。

第五部分 我国农地流转利益主体行为选择影响因素及其重要性排序

根据农地承包经营权利益主体的行为分析，讨论影响农地承包经营权流转主体行为选择的外部因素（制度因素、经济因素、社会因素和农业生产因素）和内部因素（受教育水平、家庭劳动力比例），并运用层次分析法对各影响因素的重要性进行排序。

第六部分 基于 Logistic 方法的我国农地流转主体行为选择影响因素分析

基于层析分析法确定的各影响因素的重要程度，选取对农民影响程度较大的因素（家庭劳动力比例、受教育程度、农地流转直接费用指数等）对其进行 Logistic 分析，对农户转出的意愿进行分析，确定所选取的影响因素的影响程度。

第七部分 优化我国农地流转利益主体行为选择的对策建议

农地承包经营权流转是利益主体行为选择的共同作用的结果，推动农地承包经营权合理、有序的流转需要完善相关利益主体的行为，优化激励相关利益主体的对策建议，同时对落实国家的户籍制度改革方案、建立城乡统一的劳动力市场、完善社会保障制度和健全农地金融四个方面的配套政策进行优化。

第八部分 结论

本研究的主要结论和未来亟待解决的问题。

二、主要研究方法

（一）文献分析法

利用图书馆、网络、报刊等媒介获取相关资料，并对相关资料进行解析，归纳整理国内外研究成果，为本书的研究奠定理论基础与文献研究基础。

（二）实证分析与规范分析相结合

本书对农地承包经营权流转利益主体（农地转出方、农地转入方、中介组织、中央政府和地方政府）在农地流转中的行为选择现状和影响其行为选择的外部因素和内部因素进行实证分析，为促进农地流转合理、有序进行，又对农地流转利益主体行为进行优化并配以相关制度政策进行规范分析。实证分析与规范分析相结合，使得规范分析更深刻、实证分析更准确，增加了对农地承包经营权流转利益主体行为选择影响因素分析的说服力。

（三）计量分析法

借助于统计资料，运用层次分析法对影响农地承包经营权流转利益主体行为选择的外部因素和内部因素进行分析并对其重要性进行排序。农户是农地承包经营权流转的真正主体，其农地流转的意愿和行为是农地承包经营权是否顺利流转的关键，确定各因素对农地流转经营主体影响的重要程度。选取层次分析法中确定的重要影响因素，基于实地调研资料对农户农地转出意愿的影响因素采用

Logistic 模型进行了计量分析。

（四）数理分析法

采用博弈模型，对农地承包经营权流转过程中的中央政府、地方政府、农地转出方、农地转入方和中介组织等五维利益主体，进行利益博弈，分析五维利益主体的决策行为和行为表现。

三、技术路线

本书的技术路线见图 1－1。

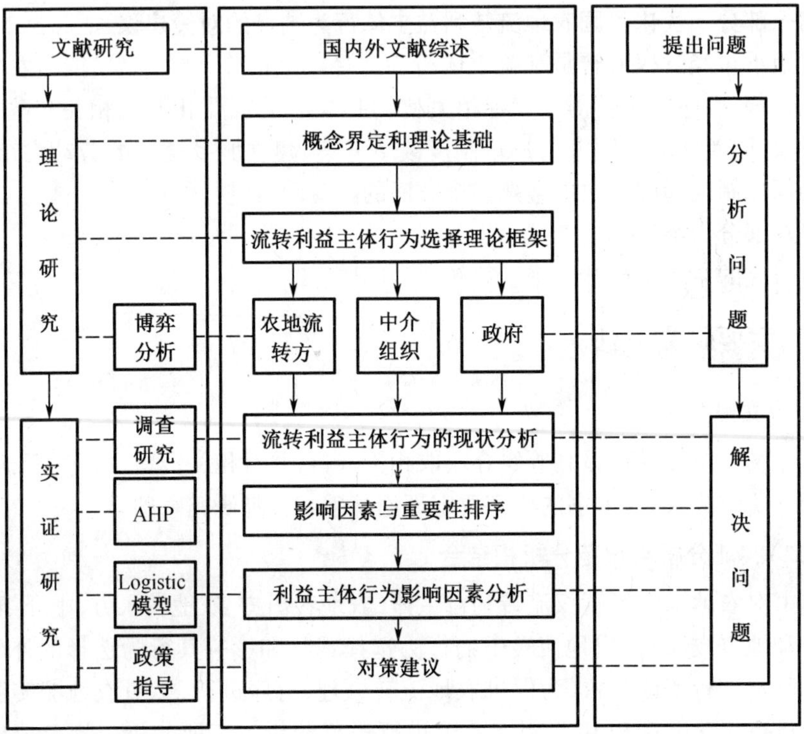

图 1－1　技术路线图

第四节　研究的创新点

本书主要针对我国农地承包经营权流转利益主体行为进行研究，试图在以下方面获得一些创新性的观点。

一、构建农地流转相关利益主体行为选择的理论框架

运用完美动态信息博弈的方法构建了我国农地承包经营权流转过程中的中央政府、地方政府、农地转出方、农地转入方和中介组织等五维经济利益主体行为的博弈框架，相比以往研究，对相关利益主体行为涵盖得更加全面而具体。

二、运用层次分析法对影响因素重要性排序

运用 PEST 方法分析了影响农地承包权流转主体行为的外部因素，并与内部因素一起构建起了一个全面反映流转主体行为的指标体系，并运用层次分析法对影响因素的重要性程度进行了总体排序。

三、运用 Logistic 方法分析我国农地流转主体行为选择影响因素

针对重要的影响因素，借助实地调查的数据，运用 Logistic 模型对样本农户农地转出行为的影响因素进行了实证分析，样本涵盖了黑龙江省、河南省、江西省等三个粮食主产区 4 县（市）12 村（屯），研究范围更加全面，研究结论也更加真实可信。

第二章　研究的相关概念界定和理论基础

第一节　农地承包经营权及其流转

一、农地承包经营权

关于农村土地承包经营权流转问题的研究，应首先明确农村土地承包经营权相关概念的界定，这样才能对农村土地承包经营权流转进行透彻的分析，更好地把握农村土地承包经营权流转的内涵。

为避免概念过大使研究主题繁杂、混乱，本书将农村土地概念限定于农用地中的耕地范畴，这是一个比较狭义的理解。农地只限于农业利用，对已经转为或即将转为非农建设的农业用地并不在本书研究分析范围，并在表述上一概将农村土地承包经营权、农村土地承包经营权流转简称为“农地承包经营权”“农地承包经营权流转”。

农地承包经营权是基于国情由农民首创且带有中国特色，与国家法律、法规、政策等相配套，是特定经济条件下的历史产物，而国际社会一般将农地承包经营权界定为农地使用权。

改革开放以来，我国确立的农村土地承包经营制度，实现了农地所有权和承包经营权的“两权分离”，农地产权有了明确的界定：农地所有权归属于农民集体，而农地的承包经营权属于农民所有，这种产权分配协调了国家、集体、农民三方权益，同我国经济社会发展的生产力水平相一致，符合广大农民群众的切身利益，是我国社会经济、资源和制度环境的产物。该制度安排曾一度释放了良好的制度绩效，但是随着经济社会的快速发展、农地经营主体范围的扩大、农地资源配置及农业发展外部环境的变化，“两权分离”下的农地制度矛盾、问题逐渐显现，承包经营权的设置需要进一步发展和创新。2014 年中央一号文件进一步明确，落实农村土地集体所有权，稳定农户承包权，放活土地经营权，提出经营权可以向金融机构抵押融资，这不仅明确了抵押、担保、入股的客体是农地经营权，同时也表明农地经营权从农地承包经营权中明确分离出来，农地所有权、承包权和经营权“三权分离”的格局形成。

农地承包经营权是集体经济组织的成员（农地承包人）为实现农业生产，对承包的农地依法享有占有、使用、处置等权利。农地承包经营权是一种用益物权[99]，用益物权得以产生的基础是集体所有权，且是所有权权利表达的一种形式，同时还具有成员权的特点。丁关良认为农地承包经营权具有物权性质，这种物权是一种新型的用益物权①，具有可转让性，是农地依法流转的前提。

二、农地承包经营权流转

《中华人民共和国农村土地承包法》规定，农民集体所有的土地依法归属于村农民集体，而农户基于农村集体经济组织的成员权承包该组织发包的农村土地；承包方对其承包的农地享有使用权、收益权、承包经营权流转的权利以及产品的自主生产经营权和处置权。

可以看出，在现有农村土地承包经营制度的框架下，农地的所有权主体是农民集体经济组织，作为集体成员的农户拥有农地承包经营权，作为农地承包经营权的主体，其有权自主决定承包农地的经营方式（自主经营或流转）。农地要流转，推动农地承包经营权分割为承包权和经营权势在必行。农地承包权不同于一般的租赁权，是一种社区成员权，受国家法律的保护，它实现了农地所有权在农村集体经济组织和承包农户间的分离，是一种“准所有权”，在一定条件下不允许流转，农地承包经营权流转实际上是农民农地经营权的流转。

党的十八届三中全会强调，坚持农村土地集体所有权，依法维护农民土地承包经营权，赋予农民对承包地占有、使用、收益、流转及承包经营权抵押、担保权能，允许承包经营权入股发展农业产业化经营。鼓励承包经营权向专业大户、家庭农场、农民合作社、农业企业流转，发展多种形式规模经营。鉴于此，2014 年中央一号文件进一步强调农地所有权的归属不变的情况下，稳定农地承包权，而对土地经营权要求则是放活或盘活，明确说明经营权可以向金融机构抵押融资。这不仅是对党的十八届三中全会关于抵押、担保、入股的客体是农地经营权的明确肯定，同时也表明农地经营权从农地的承包经营权中明确分离出来，农地所有权、承包权和经营权“三权分离”的格局形成。其实，一块农地单纯从物质上看不出产权归属，将产权界定在权利系统内明确，才能使集体和农户的权益得到保护。张红宇认为“三权分离”是对现行农地制度的认可，是在保持农地利益格局的基础上对“三权”权能在各主体间分布的进一步界定和明晰。稳定农地承包权保护了承包权人权益，保护了农民的财产权，维护了公平；而农地经营权的放活，强调了经营者权益的保护

① 丁关良. 土地承包经营权的法律性质是一种新型用益物权[J]. 经济研究参考，1999(9)：38 – 39.

同时意味着经营主体范围的扩大,农地资源可以在更大范围内进行优化配置,确保了效率①。

基于理论分析和党的政策分析,本书的农地承包经营权流转(简称农地流转,下同)是指农地承包人通过合法的形式将承包的农地经营权全部或部分地转让给他人的行为,其实质是农地经营权的流转。"他人"可指农户,亦可指企事业法人等经济组织。转让行为为有偿行为。

第二节 农地承包经营权流转利益主体及其行为

一、农地承包经营权流转利益主体

农地流转利益主体是指在农地流转中经济利益行为具有一致性的相关利益主体,他们或直接或间接地参与农地流转,对农地流转的价格确定、流转程度及范围产生一定的影响,都是理性的经济人,都想从土地上获取潜在的获利机会,任何一方的行为决策均会影响他人决策。实际上,农地流转的问题,"三权分离"是前提条件,劳动力的非农化是必要条件,但归根结底是利益主体基于自身效用最大化进行利益选择的问题。

农地流转的利益主体涉及农地转出方、农地转入方、中介组织、中央政府、地方政府。

(一)农地转出方

农地转出方是指农地流转中农地的供给者,拥有一定数量的土地承包经营权,给予经济利益的选择或经营管理能力有限,当承包农地的边际收益过低时,流转意愿强烈。只要土地流转的收益超过自己的预期收益,愿意将农地部分或者全部转让。

(二)农地转入方

农地转入方是指农地流转中农地的需求方,包括农户、新型经营主体(专业大户、家庭农场、农民合作社和农业企业)以及城市工商企业等。农地转入方在农地转入过程中具有经济理性:农地转入方希望以较低的价格转入土地,降低谈判成本和违约风险;政府能够出台优惠政策,降低土地转入门槛,提供完善的农业基础设施,改善农业生产条件,通过农地规模经营,实现利润最大化。

---

① 张红宇.构建以"三权分离"为特征的新型农地制度[EB/OL]http://roll.sohu.com/20130726/n382661525.shtml.

(三)中介组织

中介组织界定为连接农户(农地转出方和转入方)和政府为其提供流转信息、交易平台等服务,并监督和规范农户行为的中介组织。农地流转市场的发育,需要提供信息交流的平台,减少交易成本,这一般靠第三方的介入,即中介组织的参与,它可以为流转双方提供流转信息,减少搜寻成本以及信息失真带来的损失和降低流转主体违约的风险。

(四)中央政府

中央政府是国家一切土地制度和政策的制定者和决策者,通过制定法律法规、政策等,推动农地承包经营权流转,优化土地资源配置,其目标并不只是简单地获取经济利益的最大化,还包括社会和谐稳定、粮食安全等,实现农业现代化、工业化和城镇化等,注重经济、社会、政治、生态等协调可持续发展。

(五)地方政府

地方政府是国家土地政策的执行者,在农地承包经营权流转中为农民提供相应的制度和资源支持。本书中的地方政府界定为省级、市级等地方政府和农村集体经济组织(基层组织)。两者显然在协调城乡经济社会发展,推动农村土地流转的目标上大致相同:地方政府推动农地流转,提高农民收入出于服务、政绩等需要,进而积极地解决土地分散、效益低与农业集约化和规模化发展的矛盾,扮演着领导者的角色;农村集体经济组织与地方政府在行政组织上存在从属关系,在组织决策上听命于上级领导——乡镇政府,为提高农民收入组织行为出色,自然能获得更多的财政补贴,同时又为了在农地流转中从较高的流转收益中分得一部分"灰色收入"。两者在提高农民收入总体目标上与农民利益一致,作为理性的经济人为了实现自身利益最大化,在某些方面又与农民利益相抵触。

二、农地承包经营权流转利益主体行为

农地流转其实是利益主体行为选择的结果,各行为主体在农地承包经营权流转中的角色定位、参与程度、行为选择能力及利益机制选择等方面并不同,行为表现和行为选择亦不同。

(一)农地转出方的行为

作为农地流转的直接主体,农地转出方的行为对农地承包经营权流转有着重要的影响。农地转出方通常根据当前所拥有的财富水平来判断是否转出农地[100],若转出农地的收益超过了当前拥有财富的变化值,则选择转出农地;若转出农地的收益等于当前拥有财富的变化值,农户则会选择转出或部分转出,以获得其他形式的就业收入;若转出农地的收益小于当前拥有财富的变化值,农户不会转出农地,则会选择继续经营。农地是否流转,农民是基于一定的价值标准进行的理性分析。农地流转还受社会环境、社会认知、自身能力等影响。农民的行为不仅表现为经济

行为,同时还表现为社会行为。此外,根据农地是否转出,农户的行为还表现为农户流转行为、农户兼业行为和农户经营行为。本书更多地强调其经济行为和流转行为。

(二)农地转入方的行为

农地转入方是否转入农地是基于转入收益同社会平均利润相比,同农地转出方一样,也是基于一定的价值标准进行的理性分析,同时也受社会环境、社会认知、自身能力等影响,经济行为和社会行为同时具备,可以看出,农户价值判断的结果体现其经济行为和流转行为。

(三)中介组织的行为

中介组织作为政府和农户的连接纽带,其在农地流转中的行为不容小觑。中介组织在农地流转中的行为表现主要体现在以下几个方面:

第一,提供农地流转信息。中介组织对农地流转的信息进行收集、整理、发布、归档等,减少农民的搜寻成本。

第二,解答流转政策咨询。受理、解答农地流转有关政策和法律法规、农地流转流程、合同签订服务等。

第三,组织签约,帮助农户进行手续的办理或代办。

第四,对不规范的流转行为、不法行为等进行监督。

可以看出,中介组织的行为主要表现在其服务和监督职能上。

(四)中央政府的行为

中央政府作为制度和政策的制定者和决策者,相关的土地制度安排应该为农地承包经营权流转提供法律法规、制度支持、政策引导,其所提供的法律法规、规制范围和关于农地承包经营权流转主体的权利、义务归属和流转行为及其效果等基础规范应与国家经济发展水平、产业结构调整、农业发展的预期相吻合,在确保国家粮食安全的基础上实现农地承保经营权流转公平和效率的统一,同时还要维护社会稳定,具体表现为政府的宏观调控行为。

(五)地方政府的行为

地方政府作为国家土地政策的执行者,代表着国家的利益,应为农民提供相应的制度和资源支持。就当前来看,地方政府承担着服务与监督职责,但更多的是其承担的经济责任。推动农地流转,优化农地资源配置,实现农地产出效率的最大化,实现农地公平分配基础上的效率,同时调整农民的收入分配,促进农村社会的稳定,还要加大农业及科技投入、财政补贴带动农村经济的增长。具体来讲,地方政府在推动农地承包经营权流转中应为农民提供政策的指导,设置并规范农地流转的程序并提供相应的服务(如农地流转信息的等级与管理、矛盾纠纷的协调和处理等),并为转出农地的农民提供就业和社会保障,表现为服务和监督的行为。

第三节　本研究理论基础

一、产权理论

(一)马克思主义产权理论

马克思主义关于所有权的理论其实就是马克思主义产权理论,是马克思主义经济理论的一部分。马克思和恩格斯辩证而客观地分析了各种形态的土地所有权,重点对资本主义土地所有权的形成和特点进行了考察。

马克思把资本主义生产以前的形式归为两种:公共土地所有制和小土地所有制。这两种土地所有制,劳动者都把土地(劳动的客观条件)当作自己的财产,同时劳动者把自己或其他个人当作所有者。这样,马克思根据劳动者把自己或其他个人当作所有者这个前提,把个人和其他个人当作财产的共有者或独立的财产私有者,作为公共财产(被认为包括一切和包罗所有人)的共有地便与数目庞大的土地私有者共存。

在这两种土地所有制中,每个人都把自己当作所有者和共同体成员而不是劳动者,进行劳动的目的不是创造价值,也可能有些人从事剩余劳动获得剩余产品,他们进行劳动的目的非常理性,是为了个人及其家庭以及共同体生存的需要。

1. 原始土地所有制

马克思认为公共土地所有制即原始土地所有制是人类社会首个公有产权制度,该制度存在的前提是自然形成的共同体(天然或原始共同体)。马克思通过亚细亚的土地所有制、古代土地所有制和日耳曼土地所有制对原始土地公有产权进行了分析。

(1)亚细亚土地所有制

马克思认为亚细亚土地公有产权存在的前提是自然形成的共同体,该共同体可以是家庭和不断扩大而成为部落的家庭,或家庭间联姻形成的部落,或部落的联合。马克思把这个共同体认为"天然共同体,其不是共同占有(暂时的)和利用土地的结果,而是其前提。"①在这里,土地被当作共同体的财产,个人只是共同体的一个成员,就像胳膊是人的一个肢体一样,"作为共同体的成员,才能把自己看成所有者或占有者。"②也就是说,亚细亚的这种所有制是共同财产公有制,土地是公共财产,只有作为共同体的成员,才能对某一特定土地进行占有。可以看出,亚细亚土地所有制明确界定了这种原始土地产权的存在条件、产权归属和产权制度的公

① 中共中央编译局. 马克思恩格斯文集(第8卷)[M]. 北京;人民出版社,1995:123.

② 中共中央编译局. 马克思恩格斯文集(第8卷)[M]. 北京:人民出版社,1995:124.

有特性。

(2)古代土地所有制

古代土地所有制和亚细亚土地所有制一样,也是以共同体作为土地产权存在的前提。在这种土地产权制度中,作为公社财产也是国有财产的共有地是和私有财产区分开的。古代土地所有制不同于亚细亚的土地所有制,该土地所有制下的土地为公社占有,其中一部分留给公社自身支配(公有地),另一部分被分割,由公社成员私人所有,自由支配。所以,古代土地所有制下的土地产权是国有土地财产与私人土地财产对立组成的统一体,同时,土地私有者也是公社的成员,即城市的市民。

(3)日耳曼土地所有制

日耳曼土地所有制的土地公有产权不同于前两种所有制形式,日耳曼的公社不像古代所有制那样集中于城市,而是集中在农民的居住地。在这种土地所有制中,城市是单纯存在的,公社从乡村作为出发点。公社作为某种共性(如语言、血统等)的共同体,是个人所有者得以存在的前提,同时,公社是独立的有机体,存在于有着共同目的公社成员的集会中,它是一种特殊的经济存在。该土地所有制也存在公有地,但这种形式的公有是公有地必须带有某些特定形式的生产资料(比如猎场、牧场等),是不可以分割的,只作为个人财产的一种补充。个人土地财产既不作为公社的财产共同共有,也不是公社共同财产(国家财产)的对立形式,而是“只存在于这些个人土地所有者本身的相互关系中。”①就公社财产来说则是单个个人孤立而又独立的家庭驻地和所占土地的公共附属物。

可以看出日耳曼这种土地所有制中个人所有制是基础,而公社要么存在于公社成员的特定目的的集会中,要么作为一个公社的公共占有物而被保护,以免受到其他敌对部落的攻击和侵犯,是个人土地所有制的补充。

从以上几种土地所有制形式来看,土地这种财产和农业这种产业是经济制度的基础,在个人与公社的某种特定关系中再生产自己,生产其使用价值被作为经济的目的。这几种土地所有制形式存在下列共同点:

第一,个人对劳动的客观条件的无机自然。个人对土地的占有不是劳动的产物,而是劳动的前提。个人把劳动本身、劳动个体、劳动资料和材料等客观条件作为个人所有,是业已存在的自然,这种所有使得个人主体性能够自我实现。

第二,土地财产个人所有是客观存在方式。土地作为个人拥有的财产是其活动的前提,而活动的结果是拥有土地产权。公社成员对公社土地的关系,不仅受公社自然性质的影响,还受公社土地所有者即公社成员在什么样的经济条件下如何对待土地的态度影响。就像亚细亚土地共有产权制度,共同体的土地财产共同所

① 中共中央编译局. 马克思恩格斯文集(第8卷)[M]. 北京:人民出版社,1995.

有,个体对公社来说是一个统一的整体,且个体的生产也限于自给自足,农业手工业相结合等都使得这种制度最长久。可见,共同体连同以它为基础的所有制是劳动者主体的生产力发展阶段的产物,伴随在该阶段中的劳动者主体间达成的关系及对自然的占有或所有关系,则会随着生产力的发展和人口增长等变化,逐渐被扬弃和破坏。也就是说,当共同体得以存在的劳动者所有客观条件的无机自然的前提或基础被扬弃,也就意味着该共同体连同以它为基础的土地产权制度的解体。生产力发展的结果是土地产权制度的解体,反过来,却又促进了生产力的发展。

2. 小块土地所有制

在小块土地所有制中,马克思从地租的形成分析了其特点和衰亡的原因。在这里,农民拥有双重身份:土地所有者和土地使用者。土地也身兼两职:主要生产工具、劳动及资本的不可或缺的活动场所。农民进行经营的目的多半是为了直接生活,不管他是作为小资本家还是土地所有者,其经营的界限并不表现为资本的平均利润或地租。作为小资本家,其经营的绝对界限是扣除实际成本后的工资,只要土地产品的价格不低于这个工资,就会继续耕作土地,即使工资降低,只要能够维持自己的最低生存条件,也会继续耕种;作为土地所有者,土地所有者的限制由于和劳动等资本的共存性已经不存在,若农民能够对他的土地或购买的土地耕种的话,土地产品的市场价格没有必要提高到社会平均利润水平,更没必要获得超额利润,所以"市场价格无须提高到同他的产品的价值或生产价格相等的水平。"①这种土地所有制形式的农民只要能够维持生活,他们对剩余价值的追求不像资本主义社会那样地在意,所以土地产品的价格较低,农民比较贫困。

在小块土地所有制中,农民对土地的占有是拥有劳动产品所有权的一个条件,且农民是独立的,是单独的劳动者,他们为自己生产生存资料。马克思指出这种土地所有权是农业发展过程中的一个必要过渡点,并指出了土地所有权的种种衰亡原因。这种土地所有制是与生产力的发展、先进的劳动方式、资本的积累、畜牧业的发展和科学技术的应用相排斥的。另外,昂贵的土地资本投入,生产资料的无限分散,人力资本的巨大浪费和生产条件的恶化等使得小块土地所有制举步维艰,逐步消亡。

3. 资本主义土地所有制

马克思在对资本主义土地所有制进行分析时,先界定了土地所有权存在的前提:一些人垄断一定量的土地,把它当作排斥其他所有人的、只服从自己私人意志的领域。② 资本主义的土地所有制要适应资本主义的生产方式,必须对之前的小农土地所有制和封建土地所有制进行改造。改造的前提是土地所有权的归属问

① 中共中央编译局. 马克思恩格斯文集(第7卷)[M]. 北京:人民出版社,1995.

② 中共中央编译局. 马克思恩格斯文集(第7卷)[M]. 北京:人民出版社,1995.

题。通过改造,土地所有产权从统治和从属的社会关系下被完全解放出来,这是一种纯粹的经济形式,因为它使得土地所有者的种种政治、法律特权被废除,农民对土地的依附关系不复存在,同时,土地和土地使用权完全分离,这样土地所有权就摆脱了一切传统束缚。可以说资本主义的土地所有权一方面使农业合理化,农业可以进行社会化的经营;另一方面如马克思所说,土地所有权变成了荒谬的东西,这是资本主义生产方式的过人之处。这种所有制形式的实际耕作者是雇佣工人,他受雇于租地农场主(产业资本家)获得工资,租地农场主按契约支付土地所有者地租,这种三个共存而又对立的阶级为了各自的利益必然对土地持不同的态度。

综合以上分析,可以看出,和封建土地所有制相比,资本主义土地所有制具有以下几个特征(本书没有专门对封建土地所有制进行分析,在这里和资本主义土地所有制略作比较):

第一,废除了各种非经济特权。资本主义土地所有制消除了农民的人身土地依附关系,农民变成了自己劳动力的所有者,享有一定的人身自由,凭借着土地使用权和纯粹的经济契约,土地所有者获得地租。而封建土地所有制中,土地所有者获得地租,拥有土地所有权也不是唯一条件,还需要"超经济的强制",剥夺农民创造全部或部分剩余劳动产品。马克思同时指出,不同社会形态下的地租由于土地所有权性质不同,地租的获取方式、获取数量也不同,不能将不同社会形态的地租混同。资本主义的地租不再是农民的全部或部分剩余劳动品,而是超过社会平均利润的部分。

第二,土地的所有权与经营权成功实现了"两权"完全分离。资本主义土地所有制下的土地所有权与经营权的分离,使得土地所有权变成了一种单纯的财产权,资本主义的地租靠一种纯粹的经济契约关系获得。作为土地所有者,其一般不经营土地,而是将土地进行出租以单纯土地出租人和单纯土地收租人的身份存在;而农业资本家租种土地所有者的土地,按照租用契约租金,农业资本家一般也不参与土地的经营;真正经营土地的是农业资本家雇佣的农业工人,农业资本家提供物质生产资料,农业工人参与农业生产。农业工人获得其创造的价值的一部分,其剩余价值的部分由土地所有者和农业资本家共享,农业资本家获取平均利润的部分,另一部分超额利润以地租的形式被土地所有者占有。

第三,资本主义土地所有关系体现了一种阶级对立关系。资本主义土地所有制中,土地所有者、农业资本家、农业工人三个阶级对立而又共存,他们之间的相互依附关系构成了资本主义特有的生产关系。农业工人创造的剩余价值被瓜分,农业资本家获取社会平均利润的部分,土地所有者获得地租即超额利润的部分。

马克思分析了资本主义土地所有制特点,同时也认为该土地所有制的土地私有对农业发展和土地的可持续发展存在障碍,他和恩格斯比较推崇土地公有制或土地国有,还从经济视角大规模的土地耕作的优越性。马克思、恩格斯认为股份合作制是土地私有向公有过渡的形式，认为土地交由国家领导下的合作社独立经营，在不改变国家对生产资料的所有权的前提下，能够获得社会的整体利益。可见，马克思从产权的社会性质、生产力发展及社会资源的配置角度对土地所有制理论进行了深刻的剖析，尤其是对土地公有制的构想，对土地股份合作的性质、特点分析等对现有土地流转模式的创新及市场经济条件下土地流转制度的创新仍有很大的借鉴意义。

（二）西方产权理论

以科斯为代表的西方产权理论学派，对产权的概念、功能与经济行为关系的研究，尤其是不同的产权结构的效率分析、产权结构变迁的因素及产权结构对资源配置的影响，对解读我国农地流转具有一定的启迪与借鉴意义。

科斯在《社会费用问题》一文中，在对庇古认为的外部性问题进行客观分析的基础上对权利进行界定，认为经济交易中的权利的安排是非常重要的，由此提出了交易费用的概念，这就是著名的科斯定理。科斯认为，在产权明确界定的情况下，交易双方会充分利用市场机制，找寻费用最低即自身利益最大化的制度安排，至于选择哪种制度安排，要看制度安排带给他的增加的生产价值与经济交易产生的费用而定。

登姆塞茨认为“产权包括一个人或其他人收益或受损的权利……是界定人们如何收益及如何受损，因而谁必须向谁提供补偿以使他修正人们所采取的行动。”通过这一认识又引入了外部性的概念，并对外部性的内容进行界定，认为将外部效应内在化的激励是一个过程，而这个过程又常常伴随着产权的变迁。阿尔钦认为产权是“一个社会所强制实施的选择一种经济品的使用的权利。”[101]从经济学的角度来看，产权并不是我们一般意义上所说的物质实体，而是指的由于物品的使用引发的人们之间相互认可的行为关系。诺思认为产权是人们对其拥有的物品、劳动和提供的服务的占有的权利；巴泽尔认为产权是由于人们对资产的消费使用和让渡等权力的构成；菲吕博腾和配杰威齐认为，产权不是指得人与物之间的相互关系，而把这种行为关系诠释为物的存在和使用所引发的人们之间的相互认可。

其实，作为一个古老而又发展的产权来说，它不是单一的某个权利，而是一组权利的组合。一个产权的基本内容应包括财产的使用权、转让权和获取收入的享用权。产权权利是否完整，可从产权的排他性和可转让性进行考量，若使用权排他、收入权独享和转让权自由则认为产权完整，否则，产权便是残缺的。阿尔钦、登姆塞茨等对从私有产权着手，对企业的性质并结合企业特有的资源对产权结构、产权特征进行分析，对私有产权、共有产权及政府产权进行了界定，认为产权结构的效率如何取决于产权外部性内在化的激励，共有产权的产权均分、成本公摊及成果共享导致外部性很大；政府产权，行使权利者是政府选择的代理人，其对资源的使用权、转让权及成果分配权能的不充分，再加上权利主体利益最大化的动机驱使等使得政府产权的外部性也很大；只有私有产权，能够对资源的使用与转让进行成本收益的衡量，能够对资源的使用做出合理的安排，使得产权的外部性内在化。

张五常对长期以来一直使经济学家感兴趣的关于土地租佃安排同资源配置效率关系的问题，使用分成租佃理论进行分析，认为在私有产权的制约下，不管哪种租佃安排，只要交易费用为零，经济效率都是一样的，都能实现资源配置的最优，即能够实现“帕累托最优”。既然产权私有，为什么人们还要选择不同的租佃方式呢？张五常认为由于农业自然风险的存在，不同的租佃方式产生的交易费用不同。至于不同的农业生产区域，选择什么样的租佃形式，要根据该种租佃方式的交易费用和其承担的风险能力而定。虽然该理论是在产权私有的情况下对土地租佃方式的分析，但是其对风险的规避、交易费用的确定，成本－收益的衡量，租约期限选择等对我们当前土地使用权流转方式的选择具有很强的理论和实践指导意义。

综合以上分析，可以看出马克思产权理论和西方产权理论，一个强调公平，一个注重效率；一个注重宏观，从生产力的发展阐述产权的变迁，一个注重微观，分析交易费用的存在、技术的变革、主体行为选择等对产权结构的影响；一个强调产权公有是历史的必然，一个认为私有化则是产权制度的最优选择。综合两种理论，结合中国国情，把握历史发展的脉络，才能对当前中国的农地承包经营权流转问题进行客观分析，把握农地承包经营权制度的困境所在，优化农地承包经营权流转主体行为，完善相关配套制度和政策。

二、制度变迁理论

除产权外，新制度经济学派认为制度是内生的，对人的行为决定、资源配置和经济增长的影响尤为重要。

舒尔茨在《制度与人的经济价值的不断提高》一文中指出，制度是一种行为规则，这些规则涉及社会、政治及经济行为[102]，这里重点分析的是为经济提供服务的制度。人的经济价值随着人力资本的投资不断提高，制度则会对这一反应做出调整。一项制度得以存在，意味着它比原有的制度有效率。作为理性经济人，基于自身利益最大化的考虑，制度变迁或制度创新便成为必然，单从经济角度出发。制度总是与经济增长的动态需求相呼应，人的经济价值的提高使得原有制度均衡被打破，新的制度需求产生。一定意义上可以说，经济增长或人的经济价值的提高催生了制度变迁。

戴维斯和诺思把制度变迁归因于“新制度潜在利润的存在”。在他们看来，一项制度创新可能出现，是由于外部性的变化导致了利润的产生。但这些外部利润是潜在的，规模经济、风险厌恶、不完善市场、政治压力等使得外部性内在化变得困难，在现有的制度框架内达不成利润。由于经济利益的驱使，某些人会想尽办法促进潜在利润的达成，就会克服制度障碍，一项新的制度安排就会形成。但要使新的制度安排能够出现,制度创新至少使得预期净收益大于预期成本。因此并不是所有潜在利润的实现都会导致制度创新,制度创新必须满足以下条件。

第一,创新改变了潜在利润。市场规模的变化、技术变迁、各种社会团体的收入预期等若能使得制度变迁有利可图,才会产生制度创新需求;

第二,制度创新成本的降低。不管是新制度安排的组织成本转嫁,还是技术变革导致的运作成本降低,抑或是信息表达的充分与科技进步降低了创新成本,使得制度变迁比维持原有制度运行更为划算,都会促进新制度安排的形成。至于选择哪种形式,决策者需要进行成本－收益的权衡,还要考虑市场、非市场的力量影响,进行各种形式的净现值比较,选择净现值最大化作为新制度安排的形式。

经济价值的提高、潜在利润的存在引致更为有效的制度需求,但知识供给的进步也在一定程度上促进制度变迁。正如拉坦所言,制度同技术变迁一样,科技进步使得制度变迁的供给曲线右移。所以说,制度变迁不是单一力量作用的结果,而是多种力量制衡的结果。

制度变迁机制由制度变迁主体、人类行为、交易费用等多种因素构成。制度变迁的主角是各类经济组织和企业家,他们通过学习和有组织的活动能否使其行为具有效率,具有创新能力,决定着制度变迁的方向。制度变迁“通常由对构成制度框架的规则、规范和实施的复杂结构的边际调整所组成。”[103]一项制度是否稳定和存在,不仅取决于正式规则和非正式约束的互动及二者的实施方式,而且也取决制度变迁主体对他们的反应。那么制度因什么而变化?诺思认为,制度变迁的重要源泉是相对价格和偏好的变化。在制度均衡状态下,相对价格和偏好的改变,意味着经济交易过程中的预期收益和成本重新较量,契约双方或一方的处境要得到改善,就会面临再次协商的局面。然而契约镶嵌在规则之中,规则不发生改变,新的契约、新的协商便无法达成,所以,若变迁主体在现有的制度框架内没有更好的投资机会时,他们常会改变规则,打破制度约束,制度变迁便在相对价格的变化和人们的偏好改变中不可避免。

当原有的制度安排无效率或低效率时,便会发生制度的变迁,取而代之的是有效的制度安排。那么为什么一些低效的制度会长期存在呢?诺思提出了路径依赖理论。诺思把路径依赖看成是一个可能的、非常重要的历史解释变量,认为同技术变迁一样,制度变迁也常会出现“路径依赖”,主要源于报酬递增以及不完全市场,导致制度沿着某种路径长期延续下去,而且“发展路径一旦被设定在一个特定的进程上,网络外部性、组织的学习过程,以及得自于历史的主观模型都将强化这一过程。”[104]其实,路径依赖的深层次原因是利益驱动,当一种制度安排被确立下来,既得利益集团的利益受到侵害时,他们会千方百计阻止新的制度安排,低效或者无效的制度安排将会持续下去。奥尔森认为,由于利益集团的存在及他们的结盟性和排他性,受高额垄断利润的驱使,他们会阻碍制度的变迁或制度的创新,不同利益集体的利益博弈才是制度变迁的根本所在。当前的土地流转市场不完全,农地流转制度创新需要打破路径依赖,同时还要考虑相关利益主体的利益博弈均衡。

新制度经济学借助于交易费用对制度变迁展开了分析,提出了制度需求-供给理论,认为制度需求和制度供给都是外生变量,当现有的制度安排无法使潜在利益实现时,决策者便会产生制度变迁的需求,在这里,相对价格的变化、宪法秩序、科技进步及规模经济等扮演了重要的角色。一旦新的制度安排使得预期净收益大于预期成本,行为决策者会借助新制度的宪法秩序、预期成本、预期净收益、公众态度等推动制度变迁。当制度需求与制度供给保持一致,则会出现制度均衡,制度安排的任何改变都不能带给变迁主体任何额外收入,变迁已不再重要。但是二者若不一致,则会引发制度非均衡,任何一个小的改变都可能导致变迁主体潜在利润的实现,那么制度非均衡便会成为制度变迁的诱因。

借助于制度需求-供给理论,林毅夫对制度的功能、制度不均衡的原因进行客观分析,把制度变迁分为诱致性制度变迁和强制性制度变迁,并对二者进行了区分。诱致性制度变迁是基于制度不均衡的前提,一群(个)人在响应获利机会时自发倡导、组织和实行变迁。强制性制度变迁是指政府命令和法律引入的变迁[89]。诱致性制度变迁是集体行动的结果,短时间内就能够凸显效率,但是常碰到外部性和“搭便车”的情形,基于意识形态等的考虑,它不是一项制度安排的最优供给。强制性制度变迁是国家干预的结果,虽能够矫正制度供给不足,但制度变迁推行时间短,效果未必立竿见影,同时还受意识形态、利益集团的冲突、统治者偏好及理性的有限性等影响,可能导致某种有效的新制度安排失败。诱致性制度变迁和强制性制度变迁相互补充,才能确保新的制度安排捕捉到经济增长带来的获利机会,推动制度创新。

新制度经济学的制度变迁理论,不仅能够很好地解释经济增长或相关利益主体的价值行为选择是制度变迁的动因,而且对如何确立正确的农地承包经营权流转的判断标准,进行农地承包经营权流转制度的创新提供了相应的理论分析工具。

三、博弈论

博弈论又称为对策论或赛局理论,是在一定的环境条件和规则下,探究行为者之间策略相互依存和作用的决策理论和均衡理论,是用游戏思维解决现实问题的策略。该理论主要对游戏规则中的行为人进行预测及实际行为考虑,从而研究他们的优化策略。

博弈论研究相互交往的人们的策略互动行为,理论的出发点是:参与个体是理性的经济人,每个参与者都会在相应的制度约束下选择能够带来自身利益最大化的行为。利益往往倾向于与理性诉求保持一致,在其他人的选择确定后,只要政府能够提供足够的信息并且不阻挠人们的选择,理性的人们依赖个人决策,权衡各种选择的利益得失，就能够做出正确的决策，这是利益最大化的最佳方案。亚当·斯密对"理性选择"的解释是：一个社会分配有限的土地、劳动力和金融资源，其实是在尽量满足每一个公民的喜好和偏好。

该理论可以解释一个人的行为如何下意识地影响另一个人的行为，即我们用某些创造出的兴奋点诱发人们以某些方式从诸多行为活动中做出反应、做出选择。合适的诱发机制是市场经济运行的关键机制，市场经济的有效运行取决于诸多市场参与者的行为和决定，而市场参与者在交往的过程中持有独立的动机。

标准式的博弈由三种要素构成：参与者（博弈方，即独立决策、独立承担结果的主体）i（参与者集合设定为有限集合$\{1,2,3,\cdots,i\}$，因为若参与者太多，任何决策者的行为和决定都不可能对最终结果产生深刻影响）、策略空间 S_i 和收益 R_i。此外，博弈次序、博弈决策规则亦不可缺，因为博弈本身并不是碰运气，而是充满战略战术的，参与者利用自己已经掌握的信息，选择自己的行动步骤、行动位置，同时还会迫使他人做出回应。

博弈按照不同的标准可以划分为不同的类别。按照参与者之间是否具有约束力的协议，可以分为合作博弈和非合作博弈；按照参与者博弈行为的时间序列性，可分为静态博弈和动态博弈；按照参与者对信息的掌握程度，可分为完全信息博弈和不完全信息博弈。

考虑到博弈的复杂程度和理论上的发展程度，经济学中提到的博弈一般指的是非合作博弈，包括完全信息的静态博弈和完全信息的动态博弈；不完全信息的静态博弈和不完全信息的动态博弈，与之对应的均衡理论分别为：纳什均衡（Nash，1950）、完美子博弈均衡（Selten，1965）、贝叶斯均衡（Harsanyi，1967—1968）和均衡的精炼（完美贝叶斯均衡 Harsanyi，1967—1968）；序贯均衡：Kreps and Wilson，1982a；颤抖手均衡：Selten，1975）。

四、行为经济学理论

行为经济学是将心理学引入到传统经济学理论，实现二者融合的一门科学。传统经济学（或称标准经济学）是基于"经济人假设"的经济研究。"经济人假设"认为行为人完全理性，自利，无感情，他们会根据自己所掌握的各种信息预测自身行为发生的各种可能性结果，并最大化这种结果或者自己的预期效用。这种分析抽象掉了人的行为和心理感知，忽视了人的心理对社会现象及各种信息的加工和处理，就人的抉择行为而言，不考虑其非理性抉择。而行为经济学研究的是人的科学，特别是对个体行为的研究，认为现实生活中人的行为受社会环境、心理、行为认知等不确定性影响，决策行为并非完全理性，所以基于经济人假设的传统经济学架构的期望效用理论对人类行为的解释并非全面而有效。行为经济学将心理学引入到经济学分析中，推进了不确定条件下个人决策行为的研究[106]。传统经济学基于

"经济人假设",认为人的行为是追求期望效益或期望效用的最大化,不关注人的心理认知或社会环境和情景,如果进行考虑,也只是将心理认知作为一种外生变量来衡量,认为其独立于经济决策。凯恩斯曾使用心理预期概念研究过经济问题,但他的心理预期没有认知心理学的研究基础。关于农业经济主体的行为研究,莫过于舒尔茨的小农完全理性。舒尔茨对小农的完全理性研究是基于传统观点中认为农民愚昧而无知,不能对外界的刺激有正常的反应。舒尔茨认为,传统社会小农关于生产资源的配置效率并不低,无论老弱,还是妇女、孩子等对价格反应非常明显,连一便士也不会放过,对资源的利用,可以凭借以往的经验等做出调整,实现资源的合理配置。塞缪尔·波普金也认为农户具有理性,可以根据自己的行为偏好和价值理念实现个人和家庭福利最大化。我国经济学家林毅夫也赞同传统农户行为具有经济理性。俄国经济学家恰亚诺夫则认为,农户的行为并非具有经济理性,而是具有社会理性。他认为,农户不是基于利润最大化而是基于生存条件进行劳作,只要生存条件得不到满足,就会继续投入劳动,而不会考虑该劳动的产出和效率等。

美国的经济学家西蒙基于心理学角度提出了人的"有限理性",他认为人的决策行为选择除自身条件的制约,科技、情景等其他外部因素也不容忽视。人不能对信息、社会、心理等全知全能,所以其行为决策也不可能完全理性,决策的标准也非最优或最大,而是满意。泰勒基于进化心理学研究视角,认为绝大多数人在信息的获取、行为选择等方面并没有做到完全理性,行为选择的意图也并非完全利己。经济学家基于人的有限理性,分析不确定性因素下人的非理性行为抉择,行为经济学理论研究应运而生。

Kahneman D. 和 A. Tversky 的前景理论(预期理论)将心理学的研究成果用于经济学分析。前景理论基于"自然人"快乐基本假设,以人的心理、行为特征为出发点,分析非理性的心理因素对人类行为选择的影响,强调人的行为,经济利益的驱使、心理因素均不能忽视。前景理论实现了经济学和心理学研究的有机结合,为不确定条件下人的行为决策研究提供了一个全新的视角,基于此,Kahneman D. 还于 2002 年获得了诺贝尔经济学奖。

Bell 的遗憾理论反映了人对未知事件的一个评估或反映。当人们对未知事件进行评估时,若对信息的搜集、解读、利用能力不足,往往导致行为选择的失误。为避免或弱化失误,往往选择熟悉的行为或者基于他人的选择跟从,容易产生行为的"羊群效应"。农户进行农地承包经营权流转时,效益最大化有时不是其最优选择,在选择行为方式和对象上,不是基于科学判断和理性分析,而是盲从大多数人的行为,从众心理上弱化了遗憾。

George A. Akerlof 认为人们在行为选择时,遵循三个原则:回报、激励和强化原则。也就是说,当人们对不确定条件下的未知事件做出行为判断时,倾向于选择给行为主体有过回报行为或者回报行为的外界激励，当某些行为没有带来回报，如打麻将输钱，人们往往倾向于强化这种行为以期补偿前期行为的损失；或者某些行为带来回报，人们也选择强化这种行为以获得更多的回报，这种"记忆性功利"使得人们进行行为决策时并未完全理性。Robert J. Shille 是行为金融学的代表人物，他通过对人们在股市中的行为选择进行分析，认为投资者的心理易受社会、媒体等感染，在行为选择上的从众行为明显，导致股市的非理性行为。这是对不确定市场经济条件下人们行为选择的一种诠释，也是关于人们非理性抉择的论证。

可以看出，行为经济学理论承认人的理性行为，但是它强调的是不确定条件下，人们在对复杂社会环境下的复杂事物或问题做出行为选择时，各行为主体的行为选择不仅受自身能力的制约，同时还受外部环境的影响，面对诸多的不确定条件，其行为选择不可能做到完全理性，所以本书对各主体的行为既考虑其经济理性，同时也对其非理性行为进行分析。

第三章　我国农地流转利益主体行为选择的理论框架

农地流转离不开相关利益主体的参与，其中相关利益主体主要包括农户、中央政府、地方政府、中介组织等。各相关利益主体都有不同的利益诉求，他们之间的行为关系与行为决策，决定着农地是否流转，如何流转，因素制约有哪些等。本章旨在通过博弈论的方法建立起一个农地流转相关利益主体行为选择的理论框架，分析各行为主体在农地流转中的行为关系和行为选择。

农地流转相关利益主体，都是理性的经济人，都想从土地上获取潜在的获利机会，任何一方的行为决策均会影响他人决策，不断地进行成本－收益的权衡，进行利益的博弈。实际上，农地流转的问题，“三权分离”是前提条件，劳动力的非农化是必要条件，但归根结底确是相关利益主体基于自身效用最大化进行利益博弈选择的问题。

本研究应用的博弈理论为完全信息动态博弈，又称为完美子博弈均衡。该博弈理论清晰地表明了参与人采取行动的次序，以及参与人在做出每一种行动时所知道的信息。在相关利益主体博弈过程中，参与者可以通过信息的传递预测其他参与者的行动和策略，并不断修正自己的行为，优化自己的行动。但是，由于博弈双方的地位和信息不对称，后行动方可以洞晓先行动方的选择，而先行动方是否相信后行动的博弈方会采取对自己有利的或不利的行为，会使得博弈双方不断进行重复博弈，每阶段各博弈方的选择都是按最大利益原则决策，因此在每个子博弈中都只可能采用纳什均衡的策略或行为选择。

第一节　农地流转利益主体行为选择的理论机理

农地流转是一项系统工程，系统内相关流转行为主体由于地位不同、资源占有程度不同，推动农地流转的目的不同，应对农地流转采取的策略也不同。但不管各行为主体基于什么目的，选择什么样的流转行为，都受系统内其他行为主体的影响和制约。

中央政府进行立法、颁布制度等，并监督地方政府落实，通过改善宏观制度环境推动农地流转，推动农业现代化，保障国家粮食安全。地方政府一方面要贯彻和执行中央政府的农地流转法律法规与政策，另一方面还要结合本地区实际，完善相关法律法规与政策的具体实施细则，推动农地流转，从中建立相应的政绩，增加地方财政收入、维持地方稳定、推动地区发展等。农户在国家政策、制度以及地方政府的鼓励、扶持下，进行农地的转入或转出，提高收入水平和生活质量。中介组织则提供流转信息平台，为农地流转提供供求信息服务、沟通和监督，保证农地流转的顺利进行。可见，农地流转是各利益主体行为共同作用的结果。该部分通过博弈论的方法进行各行为主体利益博弈，构建起一个农地流转利益主体行为选择的理论框架，分析各行为主体在农地流转中的行为选择和行为关系，如图 3 - 1 所示。

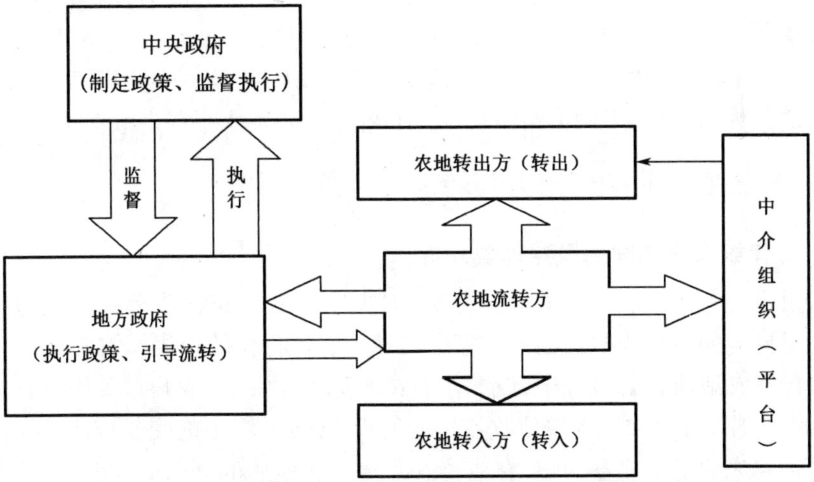

图 3 - 1　农地流转利益主体行为选择的理论框架

第二节　农地转出方和农地转入方的博弈分析

转出方和转入方是农地流转的直接利益主体，其流转意愿与流转行为的产生与实施，是其他流转利益相关方作用的前提、基础和结果。本书主要讨论两种形式：一是传统农户之间农地流转；二是传统农户向规模经营主体流转农地。传统农户的自身期望收益即获取耕地的种植收益，而规模经营主体除了获取耕种收益，还希望分享规模化、合作化的收益，期望收益必然更高，所以博弈的策略也随条件的改变而改变。无论流转形式如何，农地转入方和转出方之间基于各自的利益，在农地流转的决策过程中,都会尽力选择一个实现自身利益最大化的行动决策。本书界定转出方先行动,转入方后行动,是收益透明化的完全信息动态博弈。

一、农地转出方和农地转入方特征假设

(1)假设博弈局势中只有农地转出方和农地转入方,没有其他组织或个人介入。

(2)假设参与农地流转的农户具有不同的生产效率,农地是从单位产出低效率的一方(转出方)流向单位产出高效率的一方(转入方)。

(3)假设农地转出方和农地转入方均是理性经济人,不考虑社会成本,双方以实现自身利益最大化为最优选择。

(4)对农地转出方来说,土地无法转出不选择闲置而选择自己耕种,其博弈策略是{转出,不转出};对农地转入方来说,考虑到租金、个人能力及其预期收益等,其博弈策略是{转入,不转入}。

(5)效益函数是农地转出方和农地转入方的期望收益或效用函数,是博弈各方策略的函数,表示为不同策略组合下博弈各方的收益水平或者效益水平。

二、传统农户间的转出方与转入方博弈分析

(一)传统农户之间的博弈模型分析

这里主要是传统农户间的博弈分析,即农地转出方和农地转入方均为传统农户。这里界定的传统农户指的是一家一户进行农地种植的小规模农户。

假设在农地流转的过程中,设1代表农地转入方(传统农户),2代表农地转出方(传统农户),转出农地的单位收益平均值为 P,转出农地的交易成本为 C_2,农户自己耕种农地的平均收益为 B,农地转入方转入农地后的经营收益为 Y,转入土地的交易成本为 C_1,农地转出方转出农地的概率为 c,不转出的概率为 $1-c$;农地转入方转入农地的概率为 d,不转入的概率为 $1-d$。

1. 当农地转出方选择转出时,农地转入方若转入农地则收益为 $Y-C_1-P$,转出方的收益为 $P-C_2$;农地转入方若不转入农地,收益为0,转出方的收益为 B;

2. 当农地转出方选择不转出时,若农地转入方转入农地,收益为 $-C_1$,转出方收益为0;若农地转入方选择不转入,收益为0,转出方仍为 B。

收益情况及博弈双方策略见表3-1。

表3－1　传统农户间农地转出方和农地转入方的博弈矩阵

		农地转入方	
		转入(d)	不转入($1-d$)
农地转出方		$P-C_2$	$-C_2$
	转出(c)	$Y-C_1-P$	0
	不转出	B	B
	($1-c$)	$-C_1$	0

在农地转入方策略为$(d,1-d)$时,农地转出方的期望收益为

$$\begin{aligned}R_2&=cd\times(P-C_2)+c\times(1-d)\times(-C_2)+(1-c)\times d\times B+\\&\quad(1-c)\times(1-d)\times B\\&=cdP-cC_2+B-cB\end{aligned}$$

在农地转出方策略为$(c,1-c)$时,农地转入方的期望收益为

$$\begin{aligned}R_1&=cd\times(Y-C_1-P)+c\times(1-d)\times 0+(1-c)\times d\times(-C_1)+\\&\quad(1-c)\times(1-d)\times 0\\&=cd(Y-P)-dC_1\end{aligned}$$

对R_1、R_2的d、c求一阶偏导,$R_1d=c(Y-P)-C_1$,令偏导式为0,则$c=\dfrac{C_1}{Y-P}$,转入方的混合策略为

$$\left(\frac{C_1}{Y-P},1-\frac{C_1}{Y-P}\right);R_2c=dP-C_2-B$$

令偏导式为0,则$d=\dfrac{B+C_2}{P}$,则转出方的混合策略为

$$\left(\frac{B+C_2}{P},1-\frac{B+C_2}{P}\right)$$

动态混合纳什均衡点是

$$\left(\frac{C_1}{Y-P},\frac{B+C_2}{P}\right)$$

(二)传统农户之间的决策行为分析

当$c=\dfrac{C_1}{Y-P}$,$d=\dfrac{B+C_2}{P}P$时,农地转出方和转入方均实现收益的最大化,这是博弈各方都希望达到的目标。随着P,B,C_1,C_2和Y的变化,c和d也随之发生变化,博弈均衡被打破,农地转出方和转入方的期望收益也随之发生变化。下面讨论c,d及各变量的变化如何影响博弈双方的策略选择。

当 $c=\frac{C_1}{Y-P}=0$ 时,即农地转出方选择不转出,而要满足条件,只有 $C_1=0$,此时农地转入方的成本为0,这是农地转入方希望的,但是不花费成本是转入不到农地的,博弈双方策略为(不转出,不转入)。从现实情况看,这种情况一般是不会出现的。

当 $0<c<1$ 时,即农地转出方选择转出,此时,$0<\frac{C_1}{Y-P}<1$,导出 $Y-P-C_1>O$,即意味着转入方转入农地进行经营的收益是大于零的,此时,转入方有转入农地的意愿。假设社会平均利润为 D,只要 $Y-P-C_1\geqslant D$,转入方就会转入农地,此时 $d=\frac{B+C_2}{P}\in(0,1]$,从而 $P-C_2\geqslant B$,博弈双方的策略为(转出,转入);如果 $Y-P-C_1<D$,转入方会放弃转入,博弈双方的策略为(转出,不转入)。要提高农地转出方概率,即提高$\frac{C_1}{Y-P}$,在 C_1、Y 不变的情况下,提高转出农地的价格,能够增加转出方转出农地的积极性,同时,在 C_2、B 不变的情况下,降低转入价格,能够增加转入者的积极性,只有在租金价格在一个合理的范围内,且保证 $Y-P-C_1\geqslant D$,$P-C_2\geqslant B$ 的情况下,农地流转才能有序进行。

$c=1$ 时,$Y-P-C_1=0$,整个土地市场由转出方控制,转入方由于收益小于社会平均利润,会选择放弃转入,此时的博弈策略为(转出,不转入),若转出方仍要转出农地,就需要降低租金价格进行寻租,交易成本将会增加,收益降低。由于利润的不断减少会导致转出者放弃转出,但由于租金价格的减少,转入方会选择转入,此时博弈双方的策略是(不转出,转入)。

从以上分析可以看出,理想的博弈策略是(转出,转入),流转双方均能获得收益的最大化,但是在 P,Y,B 不变的情况下,要想增加转入和转出的概率,需要增加博弈双方的成本,但这与我们农地流转的初衷相违背。流转的目标原本是增加农民的收入,以减少交易成本为目的。本阶段属于传统农户之间的自发流转,流转规模不太大,转出和转入方农地参与农地流转,搜寻成本、谈判成本以及经营成本等过高,交易程序不规范,农户难以享受农地规模化带来的收益。

三、传统农户和规模经营主体之间的博弈分析

(一)传统农户和规模经营主体间的博弈模型分析

这里的农地转出方主要是传统农户,农地转入方是指规模经营主体。

设1代表农地转入方(传统农户),2代表农地转出方(规模经营主体),转出土地时假定为全部转出,转入方和转出方经营农地的利润分别为 I_1,I_2,且经营农地的利润小于流转利润。在农地流转的过程中,转出方和转入方都是市场价格的接受

者，以市场价格 P_0 成交，付出的市场交易费用均为 S。转出方参与农地流转带来的初级收益为市场价格与农地成本之差，设为 E，转入方由于转出方的农地转出而进行的规模化的收益为 F，为了享受规模化带来的更多收益，转入方会让渡给转出方的一部分收益 G，农地转出方转出农地的概率为 m，不转出的概率为 $1-m$；农地转入方转入农地的概率为 n，不转入的概率为 $1-n$。

（1）当农地转出方选择转出，农地转入方若选择转入农地，则收益为 $E-S+G$，转入方的收益为 $I_1+F-S-G$；农地转入方若选择不转入农地，转出方的收益为 $E-S$，转入方收益为 I_1；

（2）当农地转出方选择不转出，农地转入方若选择转入农地，转出方收益为 I_2，转入方收益为 I_1+F-S；农地转入方若选择不转入，转出方收益为 I_2，转入方收益为 I_1。

收益情况及博弈双方策略表见3-2。

表3-2　传统农户和规模经营主体间的博弈矩阵

		农地转入方	
		转入(n)	不转入($1-n$)
农地转出方	转出/m	$E-S+G$	$E-S$
		$I_1+F-S-G$	I_1
	不转出	I_2	I_2
	($1-m$)	I_1+F-S	I_1

在农地转入方策略为(n,$1-n$)时，农地转出方的期望收益为

$$R_2 = mn\times(E-S+G)+m\times(1-n)\times(E-S)+(1-m)\times n\times I_2+(1-m)\times(1-n)\times I_2$$
$$= mnG+m(E-S)+I_2-mI_2$$

在农地转出方策略为(m,$1-m$)时，农地转入方的期望收益为

$$R_1 = mn\times(I_1+F-S-G)+m\times(1-n)\times I_1+(1-m)\times n\times(I_1+F-S)+(1-m)\times(1-n)\times I_1$$
$$= -mnG+n(F-S)+I_1$$

对 R_1、R_2 的 n、m 求一阶偏导，$R_1n=-mG+F-S$，令偏导式为0，则

$$m=\frac{F-S}{G}$$

转出方的混合策略为

$$\left(\frac{F-S}{G},1-\frac{F-S}{G}\right);R_2m=nG+(E-S)-I_2$$

令偏导式为0,则 $n=\frac{(E-S)-I_2}{G}$,则转入方的混合策略为

$$\left(\frac{(E-S)-I_2}{G},1-\frac{(E-S)-I_2}{G}\right)$$

动态混合纳什均衡点是

$$\left(\frac{F-S}{G},\frac{(E-S)-I_2}{G}\right)$$

(二)传统农户和规模经营主体之间的决策行为分析

当 $m=\frac{F-S}{G}$,$n=\frac{(E-S)-I_2}{G}$时,农地转出方和转入方均实现预期收益的最大化,这是博弈各方都希望达到的目标。随着 F,S,E,G 和 I_2 的变化,m 和 n 也随之发生变化,博弈均衡被打破,农地转出方和转入方的期望收益也随之发生变化。下面讨论 m、n 及各变量变化如何影响博弈双方的策略选择。

当 $m=\frac{F-S}{G}=0$,即 $F=S$ 时,对转入方来说,流转形成的规模化收益等于参与流转的交易费用,没有享受规模化带来的丰厚报酬,若对未来的规模化经营看好,仍会转入农地,此时博弈双方策略为(不转出,转入);若对规模化经营并不看好,博弈双方策略则为(不转出,不转入)。

当 $0<m\leqslant 1$,此时转出方会选择转出农地,由于 $(E-S)-I_2>0$ 的,即 $n>0$,若 $F-S-G\geqslant 0$,转入方会转入农地,此时的博弈策略为(转出,转入)。在此博弈策略下,可以通过改变 F,S,E,G,I_2 等促进双方参与到农地流转市场,具体有以下三个方法:

第一,减少交易费用(S)。在 F,E,G,I_2 不变的情况下,减少交易费用 S,对于 $m=\frac{F-S}{G}$,$n=\frac{(E-S)-I_2}{G}$,此时,m 和 n 同时增大。所以我们要借助土地流转的交易平台,较少程序约束,降低交易成本,让流转双方分享流转带来的规模化的成果。

第二,增加规模化的收益(F),在 S、G 不变的情况下,对于 $m=\frac{F-S}{G}$,增加规模化的收益 F,才能加大转出方参与市场的热情。规模化的收益越大,转入方从农地流转中分享的收益越多,为了获得更多的利益,越愿意让渡一部分利润给转出者,刺激转出方转出农地的积极性。

第三,增加初级利润(E)。在 S、G 不变的情况下,对于 $n=\frac{(E-S)-I_2}{G}$,增加初级利润 E,能够增加转出方的积极性,若土地流转前转出方的 I_2 越少,由于农地流转市场带来的利益越高,转出方的积极性越高;否则,就不愿意转出。

如果转出方选择转出农地,由于 $(E-S)-I_2>0$,即 $n>0$,转入方有转入农地

的预期，但如果 $F-S-G<0$，转入方就会选择放弃转入，此时双方的博弈策略为（转出，不转入）。

从以上分析可以看出，流转双方最优的博弈策略是（转出，转入），转出方转出农地能获取最大的转出收益，转入方转入农地能够分享规模化收益。但是，我们应该看到，增加 E 需要通过提高市场价格实现，如通过政府调控提高 P_0，就打破了农地流转市场自由竞争的秩序，将会阻碍农地流转的顺利开展。虽然现实生活中这种现象常见，但是要实现农地流转的目标，这种情况应避免发生。

第三节　农地流转方和中介组织的博弈分析

一、农地流转方和中介组织特征假设

（1）假设博弈局势中只有农地流转方（农地转出方和农地转入方）与中介组织，没有其他组织或个人介入；

（2）假设农地流转方和中介组织均是理性经济人，不考虑社会成本，双方以实现自身利益最大化为最优选择；

（3）对农地流转方来说，其博弈策略是{履约，违约}；对中介组织来说，其博弈策略是{监督，不监督}；

（4）效益函数是农地流转方和中介组织的期望收益或效用函数，是博弈各方策略的函数，表示为不同策略组合下博弈各方的收益水平或者效益水平。

二、建立博弈模型

设1代表中介组织，2代表农地流转方。中介组织不监督时，农地流转方履约的收益为 H，履约成本为 X（履约成本很少，有时可忽略不计，且 $H>X$），中介组织监督时，农地流转方履约的收益为 L（扣除监督费用等，假定 L 为0），违约支付违约金为 M，违约从事其他活动的收益为 N；中介组织履行监督职能的收益为 S，监督成本为 T；中介组织履行监督职能的概率为 e，不监督的概率为 $1-e$；农地流转方履约的概率为 f，违约的概率为 $1-f$。行动顺序上，中介组织先行动，农地流转方后行动。

（1）当中介组织选择监督，若农地流转方履约，中介组织的收益为 $S-T$，流转方收益为0；农地流转方若违约，中介组织的收益为 $-T$，流转方收益为 $N-M$；

（2）当中介组织选择不监督，若农地流转方履约，中介组织的收益为0，流转方收益为 $H-X$；若农地流转方选择违约，中介组织的收益为0，流转方收益为 $N-M$。

上述博弈双方收益情况及策略见表3－3。

表3-3 中介组织和农地流转方的博弈矩阵

		农地流转方	
		履约(f)	违约 ($1-f$)
中介组织	监督(e)	$S-T$	$-T$
		0	$N-M$
	不监督	0	0
	($1-e$)	$H-X$	$N-M$

在农地流转方策略为($f,1-f$)时,中介组织的期望收益为

$$R_1 = ef\times(S-T)+e\times(1-f)\times(-T)+(1-e)\times f\times 0+(1-e)\times(1-f)\times 0$$
$$=efS-eT$$

在中介组织策略为($e,1-e$)时,农地流转方的期望收益为

$$R_2 = ef\times 0+e\times(1-f)\times(N-M)+(1-e)\times f\times(H-X)+(1-e)\times(1-f)\times(N-M)$$
$$=(1-e)f(H-X)+(1-f)(N-M)$$

对 R_1,R_2的 e,f 求一阶偏导,$R_1e=fS-T$,令偏导式为0,则 $f=\frac{T}{S}$,流转方的混合策略为

$$\left(\frac{T}{S},1-\frac{T}{S}\right);R_2f=H-X-e(H-X)-N+M$$

令偏导式为0,则

$$e=\frac{H-X-(N-M)}{H-X}$$

则中介组织的混合策略为

$$\left(\frac{H-X-(N-M)}{H-X},1-\frac{H-X-(N-M)}{H-X}\right)$$

动态混合纳什均衡点是

$$\left(\frac{H-X-(N-M)}{H-X},\frac{T}{S}\right)$$

三、决策行为分析

当 $e=\frac{H-X-(N-M)}{H-X}$,$f=\frac{T}{S}$时,中介组织和流转方均实现预期收益的最大化,这是博弈各方都希望达到的目标。随着 H,X,N,M,T 和 S 的变化,e 和 f 也随之发生变化,博弈均衡被打破,中介组织和流转方的期望收益也随之发生变化。下面

讨论 e、f 及各变量变化如何影响博弈双方的策略选择。

当 $e=\frac{H-X-(N-M)}{H-X}=0$ 时，即 $H-X-(N-M)=0$，中介组织不履行监督职能，对农地流转方来说，履约和不履约的收益相同，所以流转方可以选择履约也可以选择违约。

当 $0<e=\frac{H-X-(N-M)}{H-X}\leqslant 1$ 时，$N\geqslant M$ 即可，此时中介组织选择监督，对农地流转方来说，$f=\frac{T}{S}>0$，农地流转方有履约的预期，又 $N\geqslant M$，即违约也可能有收益，所以流转方可以履约也可以选择违约。在中介组织选择监督的策略下，对中介组织来说，假定 H,X,N 不变，M 在一定范围内不断增加，中介组织监督概率较大，直至达到最大概率 1，此时违约金 M 不可以再增加，除了概率大于 1 在数学上无意义外，在经济学上由于罚金设置过高，流转方难以承受，惩罚难以奏效，致使监督无效；对流转方来说，假定 S 不变，T 越大，说明中介组织监督成本较高，监督力度大，发现违约的概率较高，农地流转方履约的概率增大，但无论怎样，作为理性经济人，中介组织不会使得监督成本超过监督收益。

通过以上分析，可以看出，中介组织的引入有利于流转方履约，博弈双方合作的概率增加。但是，实际情况是中介组织大多是非营利性组织，缺乏运转资金和专业化的人员配备致使其在农地流转中参与程度、职能的行使均不理想，农地流转矛盾、纠纷不断，所以，对中介组织进行合理、有效的规范、引导、扶持，才能强化中介组织的服务、沟通、监督等职能的发挥。

第四节　地方政府与农地转出方的博弈分析

地方政府为实现规模化经营，获得更大的政绩和经济利益而强力推进土地流转，不顾及转出农户的利益，使得农地转入方不必支付较高水平的流转地租也能转入土地，流转地租的决定权实际掌握在农地转入方手中，转出方流转农地的收益远远小于损失，降低了流转的积极性。基于此，由于农地转出是转入的前提与基础，这里不讨论农地转入方，主要分析地方政府和农地转出方的利益博弈。

一、地方政府与农地转出方的特征假设

(1)在博弈局势中只有地方政府(主要指的是基层组织)和农地转出方参与，没有其他组织或个人介入。

(2)假设地方政府和农地转出方均是理性经济人，不考虑社会成本，双方以实现自身利益最大化为最优选择。

(3)地方政府的博弈策略是{干预，不干预}，农地转出方的博弈策略为{转出，

不转出}。

(4)效益函数是地方政府和农地转出方的期望效用函数,是博弈各方策略的函数,表示为不同策略组合下博弈各方的收益水平或者效益水平。

二、建立博弈模型

假设在农地流转的过程中,设1代表地方政府,2代表农地转出方,M为参与流转的农地数量,I为边际干预收益(设为常数),A为干预成本,随着干预频率的增加而增加,转出土地的单位收益平均值为P,转出方由于转出农地而付出的边际成本为C,转出方选择自己耕种土地的平均收益为B,地方政府选择干预的概率为a,不干预的概率为$1-a$;农地转出方转出农地的概率为b,不转出的概率为$1-b$。在行动顺序上,界定地方政府先行动,农地转出方后行动。

(1)当地方政府选择干预,农地转出方若选择转出,则收益为$P-C-I$,地方政府的收益为$I\times M-A$;农地转出方若选择不转出,不允许农地闲置而只能自己耕种,农地转出方收益为B,地方政府由于分享不到农地流转的收益,收益为$-A$。

(2)当地方政府选择不干预,农地转出方若选择转出农地,收益为$P-C$,地方政府收益为0;若农地转出方选择不转出,则自己耕种收益为B,地方政府仍为0。

上述博弈双方收益情况及策略见表3-4。

表3-4　地方政府与农地转出方的博弈矩阵

		农地转出方	
		转出(b)	不转出($1-b$)
地方政府	干预(a)	$I\times M-A$	$-A$
		$P-C-I$	B
	不干预	0	0
	($1-a$)	$P-C$	B

在农地转出方的策略为$(b,1-b)$时,地方政府期望收益函数

$$
\begin{aligned}
R_1 &= ab\times(I\times M-A)+a\times(1-b)\times(-A)+(1-a)\times b\times 0+ \\
&\quad (1-a)\times(1-b)\times 0 \\
&= ab\times IM-a\times A
\end{aligned}
$$

在地方政府的策略为$(a,1-a)$时,农地转出方期望收益函数为

$$
\begin{aligned}
R_2 &= ab\times(P-C-I)+a\times(1-b)\times B+(1-a)\times b\times(P-C)+ \\
&\quad (1-a)\times(1-b)\times B \\
&= -ab\times I+b\times(P-C)+B-b\times B
\end{aligned}
$$

对 R_1、R_2 的 a、b 分别求一阶偏导，$R_1a = b \times IM - A$。令偏导式为0，则

$$b = \frac{A}{IM}$$

转出农户的混合策略为

$$\left(\frac{A}{IM}, 1 - \frac{A}{IM}\right); R_2b = -a \times I + P - C - B$$

令偏导式为0，则

$$a = \frac{P - C - B}{I}$$

地方政府的混合策略为

$$\left(\frac{P - C - B}{I}, 1 - \frac{P - C - B}{I}\right)$$

动态混合纳什均衡点是

$$\left(\frac{P - C - B}{I}, \frac{A}{IM}\right)$$

三、决策行为分析

当 $a = \frac{P - B - C}{I}$，$b = \frac{A}{IM}$ 时，地方政府和农地转出方均实现收益的最大化，这是博弈各方都希望达到的目标。随着 P，B，C，A 和 M 的变化，a 和 b 也随之发生变化，博弈均衡被打破，地方政府和农地转出方的期望收益也随之发生变化。下面讨论 a，b 及各变量的变化如何影响博弈双方的策略选择。

当 $a = 0$ 时，地方政府选择不干预，即地方政府不会将农地用作其他用途。此时，$P - B - C = 0$，即 $P - C = B$，农地转出收益等于自己耕种收益。农地转出方可选择转出，也可以选择不转出。农地转出方若选择转出，此时博弈双方策略为（不干预，转出）。这是一个子博弈完美纳什均衡策略，农地转出方的期望收益取得最大值，农地流转市场是完全自由竞争的状况。只要满足农户流转收益等于或者大于自己耕种收益，农地转出方就会想方设法提高农地的使用价值，追求期望收益的最大化。此时市场效率最高，农地转出方的获益最大。农地转出方若选择不转出，即 $b = \frac{A}{IM} = 0$，$A = 0$，此时博弈双方策略为（不干预，不转出）。

当 $0 < a < 1$ 时，地方政府选择干预，此时，$P - B - C > 0$，即 $P - C > B$，农地转出收益大于自己耕种收益，农地转出方流转意愿强烈，会选择转出农地，此时博弈双方策略为（干预，转出）。农地转出方选择转出的概率 $b = \frac{A}{IM}$，要提高农地流转概率，有以下两种办法：

（1）在 M 不变的情况下，增加地方政府的干预成本；由于干预成本增加，地方

政府可能会减少或者放弃干预,此时农户也会由于地方政府的过多干预放弃流转。

(2)在 A 不变的情况下,减少 M,此时,地方政府和农地转出方实现了最优的博弈策略是(干预,转出),在政府的干预或引导下,农地实现了流转,政府获取相应的利益,如政绩、财政补贴等,农户获取流转收益。但实际情况是,地方政府的干预成本(A)和农地转出方的转出数量(M)是动态变化的。在这种情况下,设地方政府的干预成本为 d_1,此时收益函数为 $R_1=I\times M-d_1$,当农户数量 n 大于等于 d_l/I 时,地方政府收益为正,但这不意味着农地转出方的数量没有上限,由于地方政府有利可图,对农地使用对于经营权的流转进行干预,完全自由的竞争市场被打破,降低了市场效率,有些农地转出方选择退出流转,随着地方政府干预频率的增加,农地转出方退出流转的数量逐渐增加,地方政府的干预成本也随之增加,设其为 d_2,$d_2>d_l$,此时地方政府收益函数为 $R_2=I\times M-d_2$,当农地转出方数量 M 小于 d_2/b时,地方政府收益为负。此时,地方政府出于政绩等的需要,仍会继续干预,但农户的期望收益为负,农地转出方会选择不转,此时博弈双方的策略为(干预,不转出)。

当 $a=1$ 时,地方政府干预说明农地流转市场混乱,不符合市场规律和经济发展的预期,地方政府一定要介入并进行干预。

第五节　中央政府与地方政府的博弈分析

一、中央政府与地方政府的特征假设

(1)在博弈局势中只有地方政府和中央政府参与,没有其他组织或个人介入。

(2)假设地方政府和中央政府都是理性经济人,不考虑社会成本,双方以实现自身利益最大化为最优选择。

(3)地方政府的博弈策略是{执行,不执行}政策,中央政府的博弈策略为{监督,不监督}政策执行。

(4)效益函数是地方政府和中央政府的期望效用函数,是博弈各方策略的函数,表示为不同策略组合下博弈各方的收益水平或者效益水平。

二、建立博弈模型

假设在农地流转的过程中,设 1 代表中央政府,2 代表地方政府,中央政府对地方政府监督收益为 A_C,支付成本 C_C包括两个部分:监督成本 C 和对地方政府的奖励 D(中央政府对地方政府执行政绩的奖励 X 和对农民的补贴 $D-X$)。地方政府执行政策的收益 B_L(地方政府执行政策的政绩 Bp 和对政府的奖励 X),地方政府执行政策的成本为 C_L,不执行政策的处罚成本为 G,对政绩的损害为 J_L,中央政府选择监督的概率为 p，不干预的概率为 $1-p$；地方政府执行国家政策的概率为 q，不执行的概率为 $1-q$。在行动顺序上，界定中央政府先行动，地方政府后行动。

（1）当中央政府选择监督时，地方政府执行政策的收益为 B_L-C_L，中央政府的收益为 A_C-C_C；地方政府不执行政策的收益为 $-G-J_L$，中央政府的收益为 $G-C$。

（2）当中央政府选择不监督时，地方政府执行政策的收益为 $-C_L$，中央政府的收益为 A_C；地方政府不执行政策的收益为0，中央政府的收益为0。

收益情况及博弈双方策略表见3－5。

表3－5　中央政府与地方政府的博弈矩阵

		地方政府	
		执行（q）	不执行（$1-q$）
中央政府	监督（p）	A_C-C_C	$G-C$
		B_L-C_L	$-G-J_L$
	不监督	A_C	0
	（$1-p$）	$-C_L$	0

中央政府期望收益函数为

$$R_1=pq\times(A_C-Cc)+p\times(1-q)\times(G-C)+(1-p)\times q\times A_C+(1-p)\times(1-q)\times 0$$

地方政府期望收益函数为

$$R_2=pq\times(B_L-C_L)+p\times(1-q)\times(-G-J_L)+(1-p)\times q\times(-C_L)+(1-p)\times(1-q)\times 0$$

对 R_1，R_2的 p，q 分别求一阶偏导，

$$R_{1p}=C-G+q\times(A_C-Cc+C-G)$$

令偏导式为0，则

$$q=\frac{G-C}{C_C-A_C+G-C}$$

地方政府的混合策略为

$$\left(\frac{G-C}{C_C-A_C+G-C},1-\frac{G-C}{C_C-A_C+G-C}\right);R_{2q}=p\times B_L-C_L$$

令偏导式为0，则 $p=\frac{C_L}{B_L}$，中央政府的混合策略为

$$\left(\frac{C_L}{B_L},1-\frac{C_L}{B_L}\right)$$

动态混合纳什均衡点是

$$\left(\frac{C_L}{B_L},\frac{G-C}{C_C-A_C+G-C}\right)$$

三、决策行为分析

当 $p=\frac{C_L}{B_L}$，$q=\frac{G-C}{C_C-A_C+G-C}$时，中央政府和地方政府均实现收益最大化，这是博弈各方都希望达到的目标。随着 A_C、C_C、C、G、B_L和 C_L的变化，p 和 q 也随之发生变化，博弈均衡被打破，中央政府和地方政府的期望收益也随之发生变化。下面讨论 a、b 及各变量的变化如何影响博弈双方的策略选择。

当 $p=0$ 时，即 $C_L=0$，意味着中央政府不进行监督，地方政府不执行政策。

当 $0<p<1$ 时，中央政府选择监督，对地方政府而言，可以执行也可以不执行。当 $G=C$ 时，即地方政府处罚成本与中央政府监督成本相等时，地方政府可以选择不执行；当 $G>C$ 时，由于对地方政府的处罚成本太高，地方政府一般会选择执行政策，增加 G，降低 C，中央政府监督的概率 p 和地方政府执行政策的概率 q 都会增加。同理，在 G、C 不变的情况下，增加其监督收益 A_C，也会使得地方政府执行政策的概率 q 和中央政府监督的概率 p 增加。

当 $p=1$ 时，中央政府选择监督，此时地方政府执行政策的收益 B_L和成本 C_L相等，说明地方政府可以执行也可以不执行。但由于地方政绩需要和其他经济利益驱使，一般情况下，地方政府要执行中央政策。根据 $q=\frac{G-C}{C_C-A_C+G-C}$，当处罚成本 G 加大，会增加地方政府执行政策的概率。

从以上分析可见，中央政府和地方政府最优的博弈策略是（监督，执行）。一般来说，地方政府会执行中央的政策，若不执行会付出较大成本（政绩差、财政补贴少等），这样地方政府会贯彻中央政策，耕地得到保护，维系了国家的粮食安全，通过农地流转还能实现农业生产的规模化收益，区域经济发展提速等。

第六节　小　　结

农地流转的实质，是利益主体基于自身效用最大化进行利益博弈选择的问题，通过对各相关利益主体在农地流转中的成本－效益分析，探讨各相关主体在利益最大化目标下的决策选择。

（1）若转出方和转入方均为农户，转出方基于自身耕种收益作为考量标准，而转入方则不低于社会平均利润；若转出方为农户，转入方为规模经营主体，除了自身耕种收益，流转双方还希望分享规模化收益。农地转出方和转入方的流转农地的交易成本越低，预期收益越高，流转双方的参与度越高。

(2)农地转出方和转入方出于自身经济理性的考虑,在博弈时容易出现“囚徒困境”。中介组织的参与,除了提供信息交流的平台,减少交易成本,同时履行监督职能,提升交易双方合作的概率。

(3)地方政府推进农地的规模化,增加农民收入,协调或者干预农地流转,确保干预成本最小,实现自身利益最大化,而农地转出方的报酬只有不低于自己耕种收益,才愿意转出农地;农地转入方转入农地的报酬不低于社会平均利润时,转入方才会转入农地。若地方政府出于政绩等需要,与农地转入方合谋,则是以牺牲转出方的利益为代价。

(4)加大中央政府监督收益,减少监督成本,加大对地方政府的处罚成本,会使地方政府执行中央政策的概率增加。

第四章　我国农地流转利益主体行为的现状分析

研究表明，基于自身效益最大化的各利益主体的理性行为选择是推动农地是否流转和流转程度的关键。农户作为农地流转的直接主体，其行为选择不仅受农地市场等客观环境的影响，还受特定的社会文化环境下人们所形成的心理与主观认知的影响，农户是否流转农地、流转程度以及流转方式选择，都是特定行为环境下基于有限理性做出的主观抉择[107]。而中央政府、地方政府、中介组织作为农地流转的间接主体，更多体现的是在流转过程中的服务职能。从某种意义上说，经济效益的最大化并非是农地流转相关利益主体行为选择的唯一标准。现行农地产权制度下，由于农地流转涉及多个利益主体，其行为选择受到角色地位、参与程度、利益诉求等不同影响，流转行为表现迥异。

为进一步了解现阶段农地承包经营权流转利益主体的行为选择现状，2014 年 7 月至 2014 年 8 月，课题组对东北地区、黄淮海流域、长江中下游地区三个粮食主产区进行了实地调查，东北地区选取黑龙江省方正县、五常市，黄淮海流域选取河南省滑县，长江中下游地区选取江西省余江县，总计三省四县市的 12 个村(屯)进行了《农村土地流转主体行为选择调查问卷》抽样调查与走访座谈，先后发放问卷 550 份，回收问卷 512 份，有效问卷 480 份，有效率为 93. 75%。通过实地抽样调查，对农地流转的利益主体：农地转出方、农地转入方、中介组织、中央政府、地方政府等在农地流转中的决策定位、参与目的、行为表现进行分析，以发现蕴含在其中的角色地位、利益诉求等，这对协调各主体间的利益，优化农地流转利益主体行为，推动农地顺畅流转有着重要的现实意义。

第一节　农地转出方的行为分析

农地转出方是农地的供给主体，其在农地流转中的行为选择对农地是否流转、流转程度、流转形式等有着重要影响。

一、农地转出方转出农地的原因

目前，农地流转已在全国范围内普遍开展，截至 2014 年年底，全国农地流转面积4.03亿亩，占家庭承包耕地面积的30.4%。作为稀缺资源的农地，承担着农户的生存、就业、社会保障等功能，农地转出原因也因农地对农户的重要程度、承担保障功能的大小以及农户自身社会适应能力等呈现多样化。从调研数据来看：26.13%的样本农户认为“种地很辛苦”，转出土地可以选择较为轻松的工作；54.23%的农户认为“种地收入太低”，不是生存的保障；48.82%的农户是因为“人手不够”，劳动力外出打工或者自家劳动力不足无力耕种而将土地转出；5.62%的农户是因为“村里要求的”而转出；45.84%的农户认为流转价格较为合理，自身再出去打工可以获得更多的收益等①，但不管农户基于何种原因转出农地，根本动因还是收入问题。学者们的研究认为农地流转使得农户家庭的收入水平显著提高，实证研究表明，平均意义下农地流转使得任意样本农户家庭收入增加19%，已流转农地的农户家庭收入增加33%[108]，进一步验证了农地流转的根本动因。

二、农地转出方转出农地的形式

当前农地流转形式多样化，主要有转包、出租、互换、股份合作制、转让等多种形式，但仍以转包和出租为主，出租面积增长较快。从全国范围来看（见表4－1），2014年转包和出租的比例比2010年同比增长95.83%和173.4%。具体体现在转包和出租形式上，2014年与2010年相比，转包比例下降了5.9%，而出租却增加了6.83%。

表4－1　2010－2014年农地流转形式的变化　　单位：亿亩

年份		2010年	2011年	2012年	2013年	2014年
转包	面积	0.96	1.16	1.37	1.6	1.88
	比例	51.61%	50.88%	49.28%	46.92%	46.53%
出租	面积	0.49	0.62	0.8	1.08	1.34
	比例	26.34%	27.19%	28.78%	31.67%	33.17%
股份合作	面积	0.11	0.13	0.17	0.24	0.27
	比例	5.91%	5.70%	6.12%	7.04%	6.68%
互换	面积	0.1	0.15	0.18	0.21	0.24
	比例	5.38%	6.58%	6.47%	6.16%	5.94%
转让	面积	0.09	0.1	0.11	0.11	0.12
	比例	4.84%	4.39%	3.96%	3.23%	2.97%
其他形式	面积	0.11	0.12	0.15	0.17	0.19
	比例	5.91%	5.26%	5.40%	4.99%	4.70%

① 数据来源：农村土地流转主体行为选择调查问卷。

从区域表现上来看,2014 年出租和转包仍是我国东部、中部和西部地区的主要流转形式,分别占到了东、中、西部地区耕地流转的 75.69%、79.46% 和 79.93%①。体现在具体的流转形式上,转包在中部所占的比例较高,流转比例 50% 以上,而东部和西部地区占比不到 40%;但东部和西部出租比例明显高于中部地区。此外,股份合作制在东部地区发展较好,流转比例为 11.26%,流转面积占全部流转面积的比例超过了 10%,而中、西部地区占比才 3.81% 和 6.81%。

从调研数据来看,样本农户农地转出流转比例达为 48.96%,农地流转比例整体较高。农地流转方式呈现多元化,各形式分布显著不均衡,以"转包"的方式流转农地农户占到 64.36%,而以"出租""股份合作""互换""转让"等方式流转农地所占比重较小,分别为 26.54%,4.24%,2.15%,1.09%,其他形式为 1.62%。

三、农地转出方转出农地的数量

从农地流转数量和流转比例来看,连年持续攀升。据 2003 年农业部对全国 20 842户抽样调查资料显示,全国农地流转面积占耕地总面积的 9.1%,中部则达到了 11.6%,中部为 9.00%,西部最低仅为 3.86%。随着农村劳动力的转移和现代农业的快速发展,农地流转的规模快速增长,农业部经管司统计资料显示,2007 年农地流转面积 6372 万亩,占家庭承包耕地总面积的 5.2%,2008 年的耕地面积和耕地的流转比例达到了 1.06 亿亩和 8.7%,比 2007 年分别增长 66% 和 3.5%。截至 2014 年底,农地流转面积为 4.03 亿亩,流转比例为 30.4%[109],2010—2014 年农地流转比例持续增加(见图 4-1)。

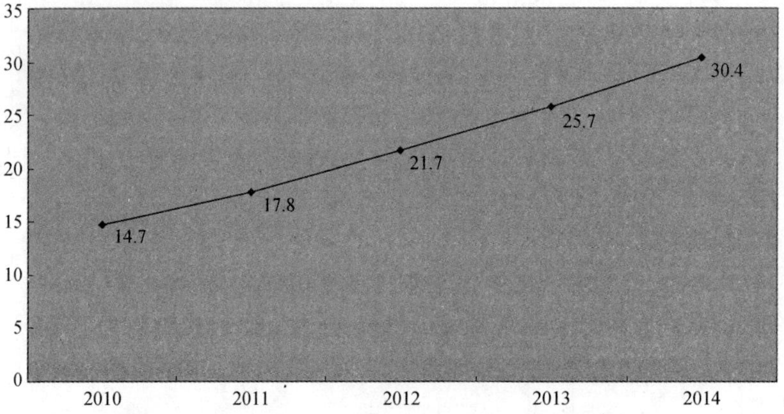

图 4-1　2010—2014 年我国农地流转比重(单位:%)

① 刘守英. 中国农地权属与经营方式的变化[EB/OL]. [2016-2-29]. http://www.drc.gov.cn/xsyzcfx/20160219/4-4-2890166.htm.

从调研数据来看，三省四县市农地转出情况不平衡（见表4－2）。

表4－2　样本区农户农地转出情况

县（市）	转出户		转出面积	
	户数	比例/%	面积/亩	比例/%
方正县	36	15.32	198	25.29
五常市	54	22.98	336	42.91
滑县	78	33.19	133	16.99
余江县	67	28.51	116	14.81
合计	235	100	783	100

资料来源：农村土地流转主体行为选择调查问卷，下同。

三省四县市转出农户总数量为235户，占调查总户总量的48.96%，农地流转比率较高，户均转出耕地2.75亩，但农地户均转入农地的数量不均衡。可以看出，黑龙江省的方正县和五常市农户的转出比例虽然不高，但转出面积较多；户均转出农地的面积5.93亩，而河南省滑县、江西省余江县户均转出农地的面积仅为1.71亩和1.73亩，这与黑龙江省的人均耕地面积较大有关。其中，五常市的农地转出面积占比较高，这是因为五常市是水稻之乡，分散的土地种植不利于水稻的规模经营，农民自发组织合作社开展规模经营。此外，一些外地的龙头企业也参与其中，利用资金、技术优势，组织农民以农地合作入股，种植的水稻由合作社进行收购，解决了农民水稻生产的销路难题，这是五常市农地转出规模较大的主要原因。

可见，随着经济社会的发展，国家政策的扶持，城市化和工业化进程加快，再加上农业产业结构的调整和农民收入结构、生产经营模式等的变化，农地流转现象日益普遍，流转比例增长迅速，但区域差别明显。

四、农地转出方转出农地的去向

农地转出的范围较为广泛，体现在地域上，可以在本组内进行，或者本村外组间进行，也可以是本乡外村或者本县外乡，也可以是外县的乡村，一般来说，乡政府或者是村集体会从中协调，帮助农户把土地转出给外县的乡村；体现在转出对象上，主要包括农户、种植大户、农民专业合作社、农业企业等，实际上，农地转出的对象即为农地转入主体。目前，从全国范围来看，全部农地流转面积中，转入农户的比重不断下降，只占55.60%；转入规模经营主体的比重不断增加，其中农民专业合作社转入比例为23.00%，农业企业转入比例为10.30%，其他主体转入比例为11.10%。从调研数据来看，转入农户的比重为60.32%，略高于全国水平，可能与种粮大省有关,转入到规模经营主体的农地比重为39.68%,其中农民专业合作社转入比例为22.56%,农业企业转入比例为9.47%,其他主体转入比例为7.65%。

五、农地转出方转出农地的约束条件

农户是否转出农地及转出程度的大小,不仅受产权因素、经济因素、相关制度等宏观因素的约束,同时还受自身条件、流转期限、流转规范等条件的影响,由于在第五章农地流转主体行为选择影响因素分析时会重点分析经济因素、相关制度因素、农民自身因素等,所以本部分的约束条件重点分析流转期限、流转合同的规范和签约期限的长短等。

(一)农地转出期限

党的十七届三中全会提出,农民拥有充分而有保障的承包经营权,农地承包关系长久不变,进一步明晰了农地承包经营权的财产属性和物权性质,对农地承包经营权的长期性产生了合理预期。但是,这种期限到底多久仍未可知,降低了农户的投资预期,增加了流转行为发生的不确定性。

从调研数据来看,农户签订的流转合同期限延长,2006年的合同期限多为1年以内,平均期限为1.7年;2014年合同期限1~5年和5~10年的明显增加,平均期限为3.7年,增加了117.65%。但农地流转仍以短期为主,转入期限在1~5年内的农户数量为74.32%,中长期(5~10年)的占比较低为25.68%。

(二)农地转出合同规范

近年来,流转农户的法律意识增强,2014年签订的流转合同和涉及的耕地面积分别为0.42亿份和2.69亿亩,签约比例达到了66.75%,签约农户占农地承包户数的25.34%。2015年6月底,签订流转合同和涉及的耕地面积分别为0.48亿份和3.16亿亩,签约比例达到了73.7%,签约农户占农地承包户数的28.4%。

现有制度安排下的农地流转仍以自发流转为主,据调查,自发的农户间流转的比例为64%,而农户与其他流转主体的流转比例已占到了36%。自发流转一般不经过村组的同意,但当转出农地数量较大时才需经过村组的同意。

从调研数据来看,转出农地的农户的法律意识较强,签订农地流转合同的转出农户占到了78.37%。农地流转仍以自发流转为主,转出农户自发将农地转给农户占比较高,为65.28%;将农地转给其他流转主体比例也呈上升趋势,占比达到了34.72%,但大多在村组的引导下完成。

第二节　农地转入方的行为分析

一、农地转入方转入农地的目的

农地转入方转入农地的目的不同于转出方,从调研数据来看:54.89%的农户转入农地是为亲戚朋友帮忙;29.56%的农户认为有多余劳动力可以耕种更多的农地;10.68%的农户认为自己有较高的种植能力①。但不管基于什么原因,最终目的还是为了增加收入。而种植大户、农村合作经济组织和农业企业等则是追求规模经营收益。

二、农地转入方转入农地的态度

调研数据显示,农地转入方在转入土地中,若签约合同期较长一些,则表明对农地耕种有很好的期待,反之,农户转入农地更多是一种权宜之计,对转入的农地预期不足。此外发现,愿意转入更多农地的农户和不愿意转入更多农地的农户基本各占一半。36.54%的农户愿意转入农地,但是因为各种原因并没有转入,包括没有人愿意转出土地,或者与转出方沟通不顺畅,使得转入价格太高;26.18%认为没有发现更好的种植项目,或者不清楚哪些农户愿意转出土地;10.26%已经转入农地的农户却不愿意继续转入农地②,究其原因主要是觉得租地种不经济,或者由于劳动力外出务工或年龄较大而导致家庭劳动力不足,或中介组织缺失或职能的缺位导致转入成本过高等。种植大户、家庭农场、农村合作经济组织和农业企业则希望转入农地,扩大经营规模,实现规模收益。

三、农地转入方转入农地的数量

从农户经营耕地的流转规模来看,根据2003年农村固定观察点对全国20 842户农地流转的统计数据显示,2003年全国农户平均转入耕地面积为0.86亩,约占当年平均经营耕地面积的11.5%,同时对中国东部、中部和西部的调查数据显示,2003年东部农户户均转入耕地0.448亩,转入比例为10.0%;中部户均转入耕地1.64亩,转入比例高达15.2%;西部户均转入耕地0.33亩,转入比例为5.0%。郜亮亮、黄季焜对浙江、辽宁等6省的农地流转情况在2000年和2009年进行了农户的跟踪、抽样调查,调查结果显示,2000年全国农户的平均转入耕地面积占农户总经营面积的10.0%,比1996年的2.9%增加两倍多,2004年为11.5%,比2000年

① 数据来源:农村土地流转主体行为选择调查问卷。

② 数据来源:农村土地流转主体行为选择调查问卷。

增加了15%，而到了2008年，这一数据达到了19%，这意味着每个农户所经营的耕地中的20%是转入地。其中，浙江的流转比例为41.5%，辽宁10%左右，而西部的山西约5%[111]。

从调研数据来看，样本区农户农地转入的积极性不高，转入比例较低，仅为17.08%，且转入面积数量不均衡(见表4－3)。

表4－3　样本区农户农地转入情况

县(市)	转入户		转入面积	
	户数	比例/%	面积/亩	比例/%
方正县	14	17.07	347	25.70
五常市	24	29.27	406	30.07
滑县	21	25.61	314	23.26
余江县	23	28.05	283	20.96
合计	82	100	1 350	100

从表4－3可以看出，在调研的480户样本中，转出农户的数量的虽然占样本区农户整体的转入比例不高，但户均转入耕地的面积为16.46亩，转入程度较高。可以看出，农地转入来源不再局限于本县市内部，转入他县市区域农地的比例逐渐增加，且土地集中的趋势明显。

从以上分析可以看出，政府关于推动农地流转政策的出台、经济发展水平的提高，非农就业机会的增加使得拥有土地的机会成本增加，农村劳动力的非农转移在一定程度上刺激了农地流转的土地需求，同时我们可以看出，农地流转的地区差异较大，经济越发达的地区，农地流转的程度越大；反之亦然。

四、农地转入方转入农地的来源

农地转入方转入农地的来源实际上是农地转出的去向或对象。农地转出对象有农户、种植大户、农业企业、农村合作经济组织等，即农地转入方可以从承包农户转入农地，亦可从农民专业合作社、家庭农场、农业企业等转入农地。从2014年全国农地转入的情况来看，耕地流入农户的比例为58.31%，流入农民专业合作社、农业企业、其他主体的比例分别为：21.84%，9.68%和1.04%，农户仍是转入的主体。受经济发展水平、劳动力转移程度的影响，东部地区农户转入农地的比例低于中、西部地区，流入农业企业、农民专业合作经济组织的比例要高于中、西部地区。

从调研数据来看，农户仍是转入的主体，耕地流入农户的比例为60.26%，流入农民专业合作社、农业企业、其他主体的比例分别为：25.68%，10.59%和3.47%，与全国农地转入的现状差别不大。

五、农地转入方转入农地的约束条件

农地转入方无论是农户还是种植大户、农业企业、家庭农场等新型经营主体，其转入农地的动力是希望通过农地资源的集中实现规模经济和规模收益，以及专业化分工产生的劳动效率提高[112]。规模化经营和专业化分工需要土地、资金、劳动力、政策支持等，但现有农地制度安排下，农地的社会保障功能及就业功能虽被缓冲但仍未被完全释放，农村劳动力的转移虽为农地承包经营权的流转创造了条件，但并不充分。

从流转期限来看，转出农户担心转入方对农地的破坏或对方势力强大无法收回农地，流转合同以1~5年的短期合同为主，期限较短使得农地集中、规范和稳定性经营难以实现。

从农地的规模经营来看，农地的规模经营需要强大的资金支持，但目前国家对农业的金融支持不足，2012年，国家的涉农贷款为2.73万元，占全部贷款的比例仅为4.3%，真正投入到农地转入方的资金则更少。农业专业化分工和土地的规模经营弱化了其抵御风险能力，而目前国家财政补贴主体是承包农户，再加上农业保险法的缺位以及政策性农业保险的给付程度难以满足规模经营主体的需要，限制了农地转入方转入农地的意愿。

此外，中介组织缺失或职能的缺位、农村基础设施的不足等也阻碍了农地转入方转入农地的步伐。

第三节 中央政府的行为分析

制度安排是宏观战略环境下国家行为表现的产物，其目的是满足国家政治、经济、社会发展的需要，目的不同，国家的行为表现亦不同。

一、中央政府的宏观调控行为

中央政府作为法律、制度与政策的制定者和决策者，其初衷则是在国家宏观战略框架下，制定农地流转的大政方针，完善相关的土地流转法例法规、制度与政策，调控农地流转的目标与方向，统筹安排农地流转过程中各项工作的开展，积极推动农地经营权有效、有序、合理地流转，为维护农业基础地位和农民的根本权益提供保障，推进农业现代化的进程。

二、中央政府的制度安排行为

在不同时期，基于不同的发展目标，中央政府设计了不同的农地制度安排。土

改运动基于政治的需要赋予农民农地所有权和使用权于一身的产权制度,农民获得了公平的土地福利保障,国家则实现了政治动员和组织革命的需要;农地集体化则是为了提高农业生产效率,满足国家获取工业化原始积累,实施重工业优先发展战略的经济需要;家庭承包经营制度的“两权分离”是出于解决经济上长期低效率、物质资源匮乏的需要,旨在强化农地的福利保障和公平;农地承包经营权流转制度则强化了农地的财产功能,实现有限资源在更大空间流动,促进资源的合理配置,提高资源的利用效率。

1980 年中共中央下发了《关于进一步发展和完善我国农业生产责任制的几个问题》,认可了家庭承包经营责任制,农地制度由单纯的集体所有转变为集体所有、家庭承包经营,形成了农地所有权和承包经营权分离的模式。“两权分离”为农地经营权流转创造了基本条件。

自农村推行家庭联产承包责任制以来,农村生产力发展迅速,农村经济发展态势良好。1984 年,农民“卖粮难”“卖棉难”,丰产不丰收,农业生产陷入困境,大量剩余农村劳动力出现,据估算,农村约有 30% ~40% 的农业剩余劳动力,绝对数在 1.5 亿人左右[113]。这时国家逐渐意识到稳定农地承包权,推进农地流转,实现农民择业自由,实现农地的规模化管理,才能真正解放农村劳动力,推动农村经济的发展。

1984 年的中央一号文件明确规定:“土地承包期一般应在十五年以上……在延长承包期以前,群众有调整土地要求的,可以本着‘大稳定,小调整’的原则,经过充分商量,由集体统一调整。”这为农地流转奠定了稳定的产权基础。“鼓励土地逐步向种田能手集中”,这是国家第一次从制度上对土地流传有所支持,推动了我国土地流转制度的孕育萌芽[114]。

1988 年的《中华人民共和国宪法修正案》,首次从法律制度上明确规定:“农地的使用权可以依照法律的规定转让”。可以看出,国家在法律层面已明确农地使用权流转的合法地位,农地使用权的流转已经上升到法律的高度并确定下来。

1998 年《中共中央关于农业和农村工作若干重大问题的决定》规定:“土地使用权的合理流转,要坚持自愿、有偿的原则依法进行,不得以任何理由强制农户转让”。2003 年的《中华人民共和国农村土地承包法》正式实施,“赋予农民长期而有保障的土地使用权。”这是农地承包经营权流转制度法定的开始,该法明确农地承包期限为 30 年,实现了农地政策法律化,稳定了经营者投资的预期,另外还从法律层面上明确规定农地承包经营权流转的方式、原则、流转主体、客体等,它的颁布标志着新型土地流转制度合法地位的正式确立,同时使得农村土地承包经营权自由流转制度更加具体。这为农地承包经营权流转制度的产权确认确定了法律依据。2008 年,中共十七届三中全会通过了《中共中央关于推进农村改革发展若干重大问题的决定》进一步强调赋予农民更加充分而有保障的土地承包经营权,同时允许农民以多种形式流转土地承包经营权,发展多种形式的适度规模经营,要求“有条件的地方可以发展专业大户、家庭农场、农民专业合作社等规模经营主体。”说明国家对农地承包经营权流转持鼓励态度。

2009 年中央一号文件“赋予农民更加充分而有保障的土地承包经营权,现有土地承包关系保持稳定并长久不变。”至此,我国的农地承包经营权流转制度已经基本确立并日趋完善。2014 年中央一号文件要求继续落实农村土地集体所有权,稳定农户的承包权,放活土地的经营权,并允许农地的经营权可以向金融机构进行抵押融资。“三权分离”扩展了农地流转的空间,承包主体可以转让经营权而获取财产收益,而经营权的分离则使得行使农地流转的主体范围的扩大,耕地资源可以在更大范围内进行优化配置,对农业生产绩效的提高有着重要意义。

“三权分离”的农地流转制度创新,构建集体所有、家庭承包、多元经营的新型农地制度,没有改变农地集体所有,家庭承包经营的制度基础,而是对其的完善和发展,相关制度的权益内涵伴随着农地“所有权、承包权和经营权”的“三权分离”得到了进一步的明晰①。

农地流转制度的“三权分离”赋予农地承包权和经营权全新的制度内涵,意义重大。承包主体通过其承包农地的经营权的让渡获取农地的财产收益,而经营权可以自行发挥作用,经营主体范围得到了扩大,不仅有利于新型经营主体和新型职业农民的培育,而且有利于有限农地、劳动力和资源的合理配置,提高农业的综合发展能力,还能最大化农产品生产率,便于农业产业链条的延伸。可见,有效产权安排以及政策、法律的完善必将为农地流转提供了更为广阔的空间。

第四节　地方政府的行为分析

农村社会经济发展决定了农地流转的必然,对增加农民收入,优化农地资源配置具有重大意义。作为本地区社会服务者和土地管理者的地方政府,一方面对上负责政策的传达落实,另一方面也是微观市场和中央政府联系的纽带,起着承上启下的作用,我国的地方政府主要分为四个层级,分别是省、市、县、乡。地方政府促进土地流转的行为包括提供农地流转相关的信息服务,制定实施细则,确定具体程序,建立纠纷解决机制。政府要充分保障农民的根本权益,要因地制宜,有针对性、适度地进行服务和监督工作,使农户享受到农地增值收益。

一、省级政府的部署行为

省级政府促进农地流转的行为包括要坚定不移地贯彻和落实中央政府的政

① 张红宇. 我国农业生产关系变化的新趋势 从“两权分离到”到“三权分离”[EB/OL]. http://www.snzg.cn/article/2014/0116/article_36601.html.

策,根据本省的实际情况落实相关政策法律,制订切实可行的农地流转实施方案,积极推进农地流转试点工作,出台农地流转的新措施和手段。2004 年,河南省发布《河南省农村土地承包经营权流转规则》,该规则明确规定了农地流转的要求、流转主体、流转程序等,以此规范和引导河南省土地流转有序推进;2014 年,江西省发布《关于规范引导农村土地承包经营权流转发展农业适度规模经营的意见》,意见就农地健康、规范流转和适度规模经营的总体要求、基本原则、创新流转方式、培育并发展新型农业经营主体等进行了明确规定。2015 年黑龙江省制定《关于引导农村土地经营权有序流转发展农业适度规模经营的实施意见》,对农地的确权登记、新型经营主体的培育和扶持、农业社会化服务体系的构建等方面进行了明确规定。

二、市、县级政府的落实行为

相对于省级政府而言,市、县级政府有一定的财政自主权,掌控着部分涉农资金的发放,比较了解当地的实际情况及地方特色,在土地流转具体的实施细则方面更切合实际,可以组织和指导当地农地流转工作的顺利开展;同时,市、县政府比其下一级的乡、镇政府在管理和决策方面有更大的话语权,可以促进各种金融机构与农地流转相关利益群体的合作,为农地流转引入资金、人才和技术,争取更多的招商机会和融资途径。河南省濮阳市对在承包期内将自己所有农地的农地承包经营权转出,且转出期限在 10 年以上的农民在城镇创业给予下岗工人的优惠待遇。包括濮阳市在内河南省七市设置财政专项预算资金对种植大户、农业企业等新型经营主体进行财政扶持。2012 年河南省滑县财政对流转年限 8 年以上的转入农地数量在 500 ~ 1 000 亩之间的农业专业大户等给予每亩 100 元的奖励,而流转数量在 1 000 亩以上(包括 1 000 亩),则给予每亩 200 元的奖励,且奖励为一次性发放,为农地转入方提供了强大的资金支持。

三、基层政府的执行行为

基层政府指的是乡、镇级政府,与农户生活更为接近,了解地方的实际情况,通常从事农地流转中的具体事务性工作,农村地理位置较为偏僻,农户相对受教育水平相对较低,可能对土地流转政策不了解或者参与意识不强,积极性较低,通过各种农业调研、干部下乡、举办相关讲座来积极宣传各种政策,尤其是让农户了解与其自身密切相关的惠民富民政策;乡、镇级政府派出骨干力量直接指导农地流转,包括建立农民专业合作组织,促进跨地区土地流转的持续进行。此外,针对在流转过程中可能出现的纠纷,乡、镇级政府应积极维护农民的权益,监察土地流转效果,跟踪观测农地使用情况,行使监督管理的职责。

基层政府作为中央政府的直接代表,同时也是一个重要的权益主体,对农地流转的影响深远，参与农地流转的目的直接影响地方政府的行为。首先，突出政绩，获得认可。中央政府尤其重视“三农”问题，基层政府希望做出突出的政绩获得中央政府的肯定，农地流转问题也是“三农”问题的重中之重，所以，地方政府会凸显自身管理能力，积极推进本地区农地流转的进程，既可以提高政府的合法性，又可以获得民众的支持，以此作为升职的政治资本，获得较高的社会声誉；此外，可以增加地方政府收入，农地流转使得农地的资源配置效率提高，生产效益显著提升，基层政府还可以获得中央政府的财政补贴，基层政府在农地流转中不仅发挥着领导和监督的作用，也起到中介的作用，基层政府在农地流转过程中有一定的操作空间，征收农民的农地，出让给其他组织或个人从中获利，这也是基层政府进行农地流转的目的之一。

第五节 中介组织的行为分析

2008 年 12 月，农业部发布《关于做好当前农村土地承包经营权流转管理和服务工作通知》，要求建立农地流转服务组织，这种中介组织不直接参与农地流转交易，只是为农地流转供需主体之间搭建桥梁，进行信息沟通和利益协调，保障农地的高效流转，切实维护农户利益的服务性组织。中介组织在农地流转的规范和发展方面起到了一定作用。

在农地流转中，中介组织的主要作用是为农地流转供需主体提供政策咨询，建立流转信息供求动态档案，科学测定流转农地的质量和面积，科学评估农地流转价格，合同签订的规范化和合法化以及履约矛盾的调停和裁决等服务。

根据农地流转程序，中介组织的服务和监督职能的发挥体现在以下三个阶段：第一阶段，信息的发布；第二阶段，合同的签订。中介组织协助农地供求双方以及专业的评估机构进行转出农地的质量评定、面积实测以及价格的评估等，达成农地流转双方认可的交易条件，协助流转双方进行合同的签订，并对合同签订的内容予以明确说明；第三阶段，为流转双方合同的履行进行监督，对履约过程中存在的矛盾和纠纷进行协调和处理，具体如图 4 - 2 所示。

一、中介组织的信息沟通行为

农地流转中介组织根据农地流转双方的需求和意向，进行流转信息的收集、登记和信息的发布，农地流转双方在农地流转平台上找寻需要的信息，初步协商农地流转的价格、用途等，进行评估机构的农地估价，进而确定流转的价格、期限，在中介组织的指导和监督下进行合同的签订，并进行流转成功案例的登记备案，为以后的农地流转提供参考。

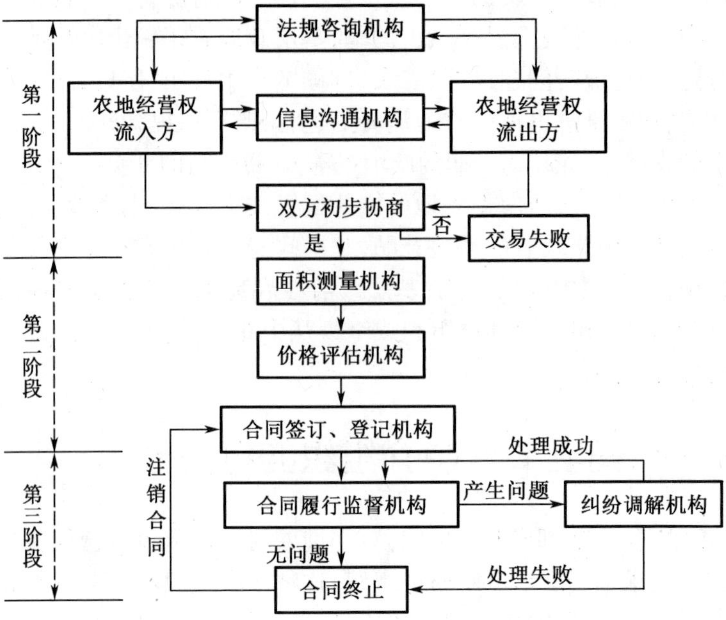

图4-2　农地承包经营权流转中介组织的运行情况

中介组织针对农地流转进程中产生问题、当事人的意见或提供的建议向政府土地管理部门进行反映，为政府土地管理部门进行政策、法规的制定提供参考。

中介组织要协调政府进行有关土地政策、制度的宣传、解读，让农地流转双方了解国家的农地流转政策，做到依法流转。中介组织是政府和农地流转方信息沟通的平台和沟通渠道。

中介组织是在农地流转进程中产生，必将伴随着农地流转程度和规模的扩大不断发展和完善。它的出现改变农地流转中农户“单打独斗”局面，农地流转“组织化”趋势明显。中介组织并没有确定的形式，主要有：土地流转协会、土地信托服务中心、土地银行等。

当前，农地流转中介组织迅速发展，各省市都搭建了信息服务平台，形成了省、市、县、乡四级土地流转信息网络平台。2002 年，农地流转率较高的浙江省有 254 个县市，4 344 个村成立了类似“土地信托中心”形式的中介服务组织 3 069 个，仅占村数量的 7.8%。辽宁省葫芦岛市已有 53% 的乡镇成立了农地流转中介服务组织，农地的流转面积达到了 85%。2008 年重庆市近一半的行政区县、乡镇，3 338 个村建立了农地流转服务中心。

根据调查数据显示，2014 年黑龙江省有 35 个县（市）建设了农地流转信息网络服务平台，24 个县（市）建设了农地流转交易大厅，789 个乡（镇）建立了农地流转中心,初步形成了"村有信息员、乡镇有服务窗口、县市有流转大厅"的服务体系。80个涉农县(市、区)建设了农地纠纷仲裁机构,集中开展农地流转信息发布、合同签订、纠纷调解仲裁和农地承包经营权证抵押贷款等服务。

但是,虽然许多省市、乡镇纷纷建立了农地流转中介组织,但由于中介组织的起步较晚,数量仍较少,难以满足农地承包经营权流转快速发展的需要,而且中介组织的规模较小,综合性农村产权交易所并不多见。一些农民自发成立农地流转中介组织,但由于自身能力建设的不足,缺乏规范化和制度化的流转章程,管理和监督机制缺乏科学性等使其对农地流转双方服务、保障能力不足。目前各地成立的中介组织多为无偿服务的中介组织,只是建立在感情基础上的运营。维持运营,必要的办公场所和设备不可缺少,具备全面专业知识专业化人员同样不可或缺,人力物力的投入需要一定的资金支持,由于中介组织资金短缺,国家虽意识到中介组织在农地流转中的重要性,但缺乏相应的法律、法规支撑,专项扶持资金缺乏,导致其发展相对滞后。而现在的农民对于有偿服务还有些抗拒,致使这些中介组织的发展空间严重受阻。

二、中介组织的利益协调行为

农地流转涉及多个利益主体,且利益关系相互交织,非常复杂。而目前的农地流转无组织运行的较多,当农地流转中的矛盾和问题产生时,当事人的利益很难保证。而农民在各方利益主体中又处于最低阶层,无充分的话语权,利益更是难以保障。中介组织一方面进行流转信息的沟通,另一方面可以及时了解农民的需求意向,必要时充当农民利益的代言人,当农民在农地流转进程中利益受损时,可以为农民进行利益协调和申辩,这样不仅能够降低农地交易费用,而且使农民在市场谈判中更为积极主动,获取更大的农地定价权,提高农地流转效益,切实增加农民收入。

但是,当前的农地承包经营权流转中介组织多为政府主导的外生型中介组织,其运营过程中受行政干预过多,功能发挥空间有限,大多数情况下充当政府的"代言人",并未按照市场的规则执行自身职能。农民对中介组织的评判是其影响力和权威性,农民自发组织的内生型中介组织自然要输于国家公信力保障的政府主导型的外生型中介组织,这在一定程度上限制了内生型中介组织的发展。

第六节 小　　结

相关利益主体行为是农地流转的关键。而在农地承包经营权流转中,不同主体的角色定位,农地流转的参与程度,对农地的影响程度等不同,在农地流转中的行为表现亦不同。本章重点分析农地流转的直接主体:农地转出方和转入方从农地流转的目的、数量(规模)、形式、去向(来源)、约束条件分析其行为,及权利主体的中央政府行为。对于中央政府来说,在不同时期,基于不同的发展目标,中央政府设计了不同的农地制度安排,制度安排其实是国家基于不同的需要(目的)下国家行为表现的产物,所以农地承包经营权从禁止到允许再到政策鼓励的制度安排其实是国家行为表现的过程。地方政府贯彻执行中央的政策,也是微观市场和中央政府联系的纽带,起着承上启下的作用,目的是引导农地的合理流转,而中介组织在农地流转中起着信息沟通、利益协调等作用。

第五章　我国农地流转利益主体行为选择影响因素及重要性排序

农地流转是外部因素和内部因素共同作用的结果。本章用 PEST 分析法对影响农地流转利益主体的外部因素进行分析，对内部影响因素（个体因素）的受教育水平、家庭劳动力人数等进行分析，对内外部因素用层次分析法分析各因素的影响程度，并对其重要性进行排序。

第一节　影响农地流转利益主体行为选择的外部因素分析

人类行为和环境关系密切，那么农地流转利益主体行为也会受到相关外部因素（比如政治、经济等）影响。本书对影响农地流转利益主体行为的外部因素分析采用战略分析工具——PEST 分析法①的改进：PESP 分析法，即讨论政治因素（Politics）、经济因素（Economy）、社会因素（Society）、农业生产因素（Production）等对农地流转利益主体行为选择的影响。

一、制度因素

农地流转制度是中央和地方政府意识的体现，制度的规范性、可执行性、统一性等都会对农地流转产生重要的影响。

（一）正式制度

正式制度是由国家或组织按照一定的程序有意识创造的、由成文的相关规定构成的政治、经济规则及契约等规范体系，依靠正式结构来实施激励和约束。影响农地流转的正式制度主要由农地产权制度、户籍制度、就业制度、社会保障制度等构成。

---

① PEST 分析法，战略宏观环境分析工具，即外部环境分析，包括政治因素（Politics）、经济因素（Economy）、社会因素（Society）和技术因素（Technology）。

1. 产权制度

产权明晰是农地流转制度的核心，对农地的占有、使用、经营等权利进行明确的界定，对农地承包经营权流转制度安排的公平和效率将会产生深远的影响。产权明晰、完整，才能保障农地流转的相关利益主体免受其他权利主体的非正当干预，农民的农地权益功能才能实现市场化的配置，进而推动农地承包经营权的合理、有效流转。“三权分离”的农地流转制度安排，构建集体所有、家庭承包、多元经营的新型农地制度，没有改变农地集体所有，家庭承包经营的制度基础，而是在其基础上的完善和发展，农地产权制度因农地产权的“三权分离”进一步明晰，为推动农地流转提供了制度前提。

2. 户籍制度

我国目前的户籍制度是在1958年户籍制度的基础上发展起来的，该制度通过产业类别和地域把人口划分为农业人口和非农业口、农村居民和城镇居民，连同各种权利和福利也实现了分离，且带有严重的城市偏向。该制度创立之初，为了保障工业化战略的实施，把农民束缚在农村土地上，为补贴工业创造更多的农业剩余，严格限制农村人口的自由流动，这种身份制度一直在延续着。20世纪80年代，农民虽然实现了城乡流动，但是这种流动是有限的，不是国家政策的主动设计，而是农村经济体制改革的深入促进了农业生产力的发展，实现了被土地释放出来的大量农村剩余劳动力的城乡转移和农业内部转移，但是，这个时期农村居民的身份没有发生改变，改变的是农民生活、工作的地域或产业。

新中国成立后人口的地域和产业比例构成见表5－1。

表5－1　新中国成立后人口的地域和产业比例构成

年份	城乡人口比例构成		农业与非农业人口构成	
	农村人口/%	城镇人口/%	农业人口/%	非农业人口/%
1952	87.54	12.46	85.6	14.4
1955	86.52	13.48	84.8	15.2
1960	80.25	19.75	79.3	20.7
1965	82.02	17.98	83.3	16.7
1970	82.62	17.38	84.7	15.3
1975	82.66	17.34	84.6	15.4
1979	81.04	18.96	83.4	16.6
1980	80.61	19.39	83.0	17.0

表 5-1(续)

年份	城乡人口比例构成		农业与非农业人口构成	
	农村人口/%	城镇人口/%	农业人口/%	非农业人口/%
1985	76.29	23.71	79.7	20.3
1990	73.59	26.41	79.1	20.9
1995	70.96	29.04	76.4	23.6
1999	69.10	30.90	74.49	25.51
2000	63.78	36.22	73.92	2608
2003	59.47	40.53	72.11	27.89
2007	54.11	45.89	67.07	32.93
2010	50.05	49.95	65.83	34.17
2011	48.73	51.27	65.29	34.71
2012	47.43	52.57	64.67	35.33
2013	46.27	53.73	64.07	35.93
2014	45.23	54.77	63.37	36.63

资料来源：2014 年《中国农业与就业统计年鉴》,国研网统计数据库,2015 年《中国统计年鉴》。

从表 5-1 可以看出,农村人口比例在 2000 年前缓慢减少,一直维系在 60% 以上,2000 年以后,市场化改革的推进、城镇化的建设、就业限制的放开、国家政策的引导和扶持等促进了农村劳动力转移,农村人口的比例迅速减少,减少幅度比 2000 年增长了 30% 左右。但是,农业人口比例的减少幅度并不乐观,60 多年来农业人口比例约减少了 21.5%,仍然高居 60% 以上。限于城市偏向的户籍制度的制约,工业化和城市化的快速发展并没有实现农村人口和农业人口的减少,仍被“土地福利”束缚在有限的土地上。

城市偏向的户籍制度不是经济发展的客观选择,而是国家人为设计的结果,目的是保障工业化战略的实施。城市偏向的户籍制度经过 60 多年来的历史积淀,已经具有制度惯性,而制度背后的经济关系却难以松动。

随着农村城镇化建设和国家对人口流动限制的逐渐放开,农村人口通过两种方式实现了迁移:就地转移和城市转移,这两种方式实现了人口产业和地域的转移,但户籍制度没有发生改变,且城市偏向的户籍制度城乡间的经济利益的不同,使得农民不能和城市居民享有同样的待遇,农地仍是他们生存、就业的保障。城市偏向的户籍制度,一方面由于农地集体的排性限制了农村之间的人口转移,另一方面,人口城乡流动的经济关系制约又使得农民高度依赖土地,农地流转由于城市偏向户籍制度的存在举步维艰。

鉴于此,2014 年 7 月,国务院出台《关于进一步推进户籍制度改革的意见》,强调应不断调整当前的户口迁移政策,建立城乡统一的户口登记制度,通过全面实施居住证制度,实现全部常住人口的城镇基本公共服务的全覆盖。据国家统计局统计,2014 年我国常住人口的城镇化率为 54.8%,而户籍人口的城镇化率仅为 35.9%,缘何出现 18.9% 的差距?究其原因在于 2.5 亿的农民工的身份问题,2.5 亿的农民工实现了农村人口向城镇人口的转移,但并未实现城镇户籍的转变,不能享受城镇居民的福利待遇,仍处于城市化的边缘。按照规划,国家要在 2020 年实现常住人口的城镇化率 60% 左右,户籍人口城镇化率 45% 的目标,并不轻松。虽然已有 20 多个省份陆续出台了深化户籍制度改革的意见,但流动人口的落户意愿并不强烈,农民要么不愿意放弃农村耕地,要么不愿意进入落户限制宽松的中小城市。据统计,愿意在 300 万城区人口城市落户的流动人口比例不到 40%,愿意落户大城市的流动人口比例稍高些,约为 45%,愿意落户特大城市的流动人口占比较高,将近 60%,但苦于严格的落户条件无法落户,致使户籍制度改革对户籍人口的城镇化率提高的“推动”作用不大。虽然城乡统一的户口登记制度意味着“二元”户籍管理制度退出历史舞台,但如何衔接好户籍人口城镇化率和常住人口城镇化率之间的关系,实现法律赋予公民的真正权利,仍需要时间和实践的检验。

3. 就业制度

城市偏向的就业制度是城市偏向户籍制度的衍生品,城市偏向的户籍制度把城镇人口和农村人口通过地域和产业分离开来,伴随而来的是城乡不同的就业模式。农村居民靠土地实现农村就业,从事农业生产。城市偏向的户籍制度把农村人口限制在城市发展外围,而城市偏向的就业制度则固化了农民的身份和职业。我国的农村劳动力的转移不是像发达国家和工业化同步,而是滞后于工业化发展的进程,这是城市偏向户籍制度和就业制度共同作用的结果。在城市偏向的户籍、就业制度的双重约束下,农村土地仍是他们维系生存、养老的物质保障。从三大产业的就业比例来看,第一产业就业比例相当高。农村劳动力被严格限制在第一产业就业。

20 世纪 80 年代中后期实现了农村人口的城市转移,但是由于城市偏向户籍制度的制约,就业是临时的一种兼业行为,缺乏长期性和稳定性预期,农民虽然在地域上成功实现了转移,但是相应的待遇并没有因为地域的改变发生改变,农村居民和城市居民待遇的严重不平等,使得农民不愿放弃农地,农业和农地仍是农民就业的首选和重要抓手。

表 5－2 统计数据显示,农村就业人口比例比较稳定,但始终维持在 50% 以上,说明虽然农村劳动力转移一定程度上减少了农村人口,但是城市偏向的户籍制度的存在使得农民的就业不是一种长期稳定的行为,而是国家就业制度不完善下的

一种兼业行为，农民身份并没有随着人口的城市迁移而发生变化，并且农民的迁移一般情况下只是家庭部分成员为改善家庭条件而做出的个人行为，而非整个家庭的整体迁移，子女的教育、赡养老人等再加上城乡居民待遇的差别化，这些转移出去的农村劳动力的就业并不稳定，当劳动能力不足、家庭发生重大变故或城市生活不符合外出就业的预期，他们一般会选择回到农村。

表 5－2　新中国成立后人口就业结构构成

年份	城乡人口就业比例		三大产业就业比例		
	农村人口/%	城镇人口/%	第一产业/%	第二产业/%	第三产业/%
1952	88.0	12.0	83.5	7.4	9.1
1955	87.5	12.5	83.3	8.6	8.1
1960	76.4	23.6	65.7	15.9	18.4
1965	82.1	17.9	81.6	8.4	10.0
1970	81.7	18.3	80.8	10.2	9.0
1975	78.5	21.5	77.2	13.5	9.3
1979	75.6	24.4	69.8	17.6	12.6
1980	75.2	24.8	68.7	18.2	13.1
1985	74.3	25.7	62.4	20.8	16.8
1990	73.7	26.3	60.1	21.4	18.5
1995	72.0	28.0	52.2	23.0	24.8
1999	68.6	31.4	50.1	23.0	26.9
2000	67.9	32.1	50.0	22.5	27.5
2003	64.4	35.6	49.1	21.6	29.3
2007	58.9	41.1	40.8	26.8	32.4
2010	54.4	45.6	36.7	28.7	34.6
2011	53.1	46.9	34.8	29.5	35.7
2012	51.6	48.4	33.6	30.3	36.1
2013	50.3	49.7	31.4	30.1	38.5
2014	50.9	49.1	29.5	29.9	40.6

资料来源：《中国统计年鉴》(2014—2015)，《2014 年度人力资源和社会保障事业发展统计公报》，《中国人口与就业统计年鉴》(2013)，其中城乡人口就业比例由国研网统计数据库资料计算所得。

改革开放后，商品经济的冲击以及国家劳动力转移的限制逐渐放开，农村劳动力逐渐渗透到二、三产业，但由于农民的传统观念、农地养老的思想意识等犹存，农村劳动力的二、三产业的就业转移速度并不是很快，截至1990年，农业就业比例仍维持在60%以上。从总的发展态势来看，城市偏向的户籍、就业制度的制约，广大农村劳动力主要的就业领域仍在第一产业，农业就业仍是就业首选。2000年后，为改变城乡差距的逐渐拉大，国家取消了农业税，并给予农业补贴，积极引导农村劳动力转移，农村劳动力的二、三产业的转移速度加快。

从图5-1和图5-2来看，虽然国家政策对农民身份的持续松绑，外出就业的农村劳动力持续增加但是第一产业就业比例五年仅减少7.2%，二、三产业就业比例增加分别为1.2%和6.0%，变化幅度不大。2014年，全国农民工已有27 395万人，比2013年增加约1.9%；外出的农民工有16 610万人，比2013年增加约1.3%。虽然农村劳动力转移人数不断增加，但是相比约9亿的农村人口，转移比例约为20%左右，这与我国的城市化发展不同步①。从图5-2来看，城镇新增就业人口逐渐增加，年均增加3.1%，与我国约20%的转移比例相比，可以看出城镇的吸纳能力有限，大多劳动力仍选择向大城市转移。

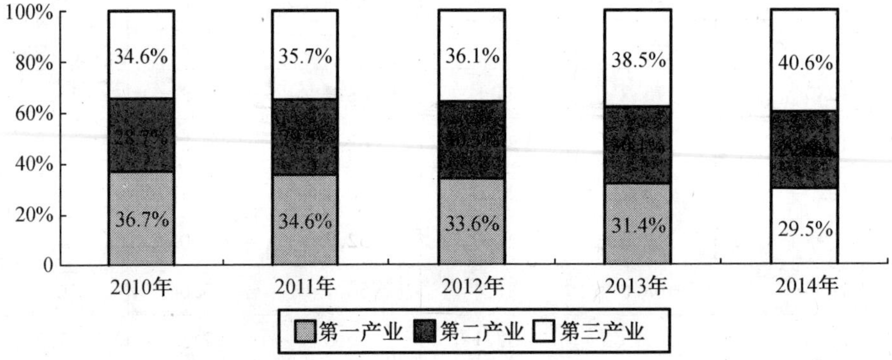

图5-1　2010-2014年全国就业人员产业构成情况

资料来源：《2014年度人力资源和社会保障事业发展统计公报》

可见，城市偏向的就业制度下城乡就业待遇的不平等和农地的平均分配使得农民对农地高度依赖，农地产权安排的平等性使得农业的就业制度惯性依然。农地均分带来的地块细碎、狭小的结构难以改变，农地难以实现集中和规模化经营，再加上农村劳动力的转移的户籍制约、教育制约等，农地流转制度创新因城市偏向而艰难前行。

① 2014年我国的城市化率为54.77%。

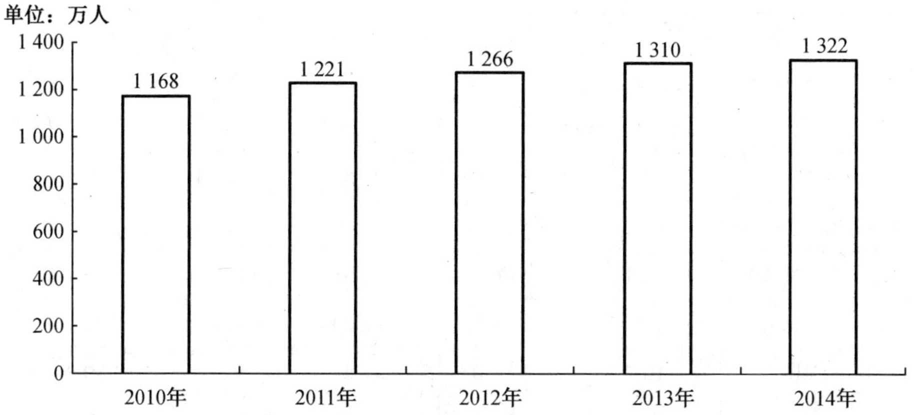

图 5－2　2010—2014 年城镇新增就业人数

资料来源:《2014 年度人力资源和社会保障事业发展统计公报》

4. 社会保障制度

同城市偏向的就业制度一样,城市偏向的社会保障制度同样也是城市偏向户籍制度的衍生品,农村居民由于国家社会保障制度的缺位难以在养老、医疗等方面享受公平的社会公共服务。基于生存、养老的需要,农地仍是农民选择生活和养老的保障。虽然,近年来农民收入不断增加,农地的社会保障功能不断弱化,但是家庭养老的模式也在发生变化,许多老人的思想观念发生改变,他们不再过度依附于儿女,而会选择自己养老。但全民的社会保障并未完全建立及农民的收入不足以购买商业保险的前提下,他们仍把农地作为生存和养老的"稻草"。据全国老龄委办公室副主任吴玉韶介绍,目前农村大多数老人没有养老金,若有也只是一个很低的水平。从农村退休金、养老金覆盖程度来看,城镇覆盖比率为 84.7%,远超于农村 34.6% 的水平,农村老人养老金为 74 元/月,而城镇老人月均退休金 1 527 元,后者是前者的 20.6 倍。城镇老人靠退休工资养老,养老保障为 86.8%,而农村目前主要的养老方式还是家庭和土地,养老保障只有 18.7%。国务院发展研究中心农村部部长叶兴庆以养老保障水平为例做了一个形象的概括,假如机关事业单位职工的退休金是 100,那城镇职工的退休金就是 49,而农民只有 3。也就是说,农民的养老保障水平只相当于机关事业单位的 3%、城镇职工的 6% 多一点,农村社会保障制度严重滞后[115][116]。

外出的农村劳动力无力胜任城市工作的隐形失业,农地的吸纳在一定程度上起到了稳定作用。农地的社会保障功能越强,农民就会对农地越依赖,他们不会轻易流转自己的农地,农地流转就会受到限制。农地流转离不开城乡统一的社会保障制度建立和完善。

表 5－3　2007－2013 年城乡社会保障支出情况

年份	社会保障总支出		城市居民最低生活保障		农村最低生活保障	
	数额/亿元	占财政总支出比重/%	数额/亿元	占财政总支出比重/%	数额/亿元	占财政总支出比重/%
2007	5 447.16	10.94	296.04	0.59	109.10	0.22
2008	6 804.29	10.87	411.70	0.66	228.70	0.37
2009	7 606.68	9.97	517.85	0.68	363.00	0.48
2010	9 130.62	10.16	539.53	0.60	446.59	0.50
2011	11 109.40	10.17	675.06	0.62	665.48	0.61
2012	12 585.52	9.99	666.36	0.53	698.71	0.56
2013	14 490.54	10.33	763.38	0.54	861.04	0.61

资料来源:国研网统计数据库

从表 5－3 可以看出,国家社会保障总支出绝对数额不断增加,年均增长 17.7%,但占当年财政支出的比重一直保持在 10% 左右,变化幅度不大。仅从社会救助来看,城市居民最低生活保障和农村最低生活保障绝对数额都呈现出上涨趋势,年均增长率分别为 17.1% 和 41.1%,可以看出随着国家民生扶持的力度的加大,农村最低生活保障程度较高。但是,若考虑农村人口的庞大数量,以 2007 年为例,城市居民人均最低生活保障为 48.82 元/人,农村人口人均最低生活保障为 15.26 元/人,前者是后者的 3 倍还多,若再考虑城乡收入差距,前者约为后者的 10 倍。2007 年农村享受最低生活保障的人数为 3 566.3 万人,约占农村人口的 5% 左右,2013 年比重约为 8.6%,可见能够享受低保的人数并不多。

2014 年农村参加基本养老的人数为 50 107 万人,为农村总人口的 80.99%,基本养老覆盖程度较大,但是养老保险金额偏低,农村养老的主要模式仍为家庭和土地养老。综合以上分析,农村社会保障缺位,从基本社会保障来看,无论是参保人数、保障金额还是保障内容,农村居民和城镇居民待遇都不一样,更别提住房补贴、价格补贴了,国家财政提供的公共服务和公共物品在农村也几乎缺失。

可以看出,城市偏向的社会保障制度催生了农村社会保障制度对农地高度的依赖性,无形中使得农地的社会保障功能被强化了,而农地承包经营制度的社会保障制度化,反过来又从制度层面约束着农地承包经营制度的改革[117]。

由于社会保障制度的缺位,农地在一定程度上承担了农民的生存和就业保障功能[118][119]。农地保障带来的预期收入及就业的稳定性,使得农民不愿意放弃自己的土地,即使发生了农村劳动力的城乡转移,城市偏向的户籍制度、就业制度和社会保障同样使得农民工难以获得和城镇居民同等的国民待遇,转移往往是暂时的行为，短暂转移的后果是若城市不利于农民的生存发展其还是会回到带有生存、就业保障的农地上，致使农地难以实现集中化和规模化，农地流转难以高效推进。

5. 非正式制度

非正式制度是人们在社会交往中无意识形成，并获得社会认可、共同坚守的行为准则，包括价值信念、风俗习惯、文化传统、道德伦理、意识形态等，其中意识形态处于核心地位。非正式制度的产生一般先于正式制度，人类的生产、生活与社会交往的维系主要在非正式制度的安排下进行。即便在社会结构、社会规则、社会约束等发生巨大变化的现代社会，非正式制度安排所发挥的作用依然不可小觑。非正式制度安排作用主要体现在以下两个方面：一是“免费搭车”的行为得到有效克服，信息的传递并非强制而是自发产生，能够节约信息费用；二是对正式制度的影响复杂而独立，与正式制度的目标契合，能够降低正式制度变迁的成本，实现制度设计目标。由于非正式制度安排经过长期的社会传统、社会文化的历史积淀变迁过程，变迁具有渐进性与时滞性，结果往往是旧的正式制度已经被新的正式制度代替，而旧有的非正式制度依然顽固的影响并约束着人们的行为及其选择空间，进而对新的正式制度安排功能的实现以及相关制度安排作用的发挥产生影响。

研究当前农地流转制度创新，非正式制度的影响作用不可忽视，农地流转制度及相关制度供给的不足更是强化了非正式制度的影响作用。可见，对非正式制度进行分析，能够客观分析农地流转过程中的秩序混乱、效率低下的问题，弥补农地承包经营权流转正式制度供给不足所带来的问题。非正式制度是一个复杂、庞大的系统，大量植根于农村，对农地流转影响较大的主要有公有制意识形态、家庭观念、平均地权等。

公有制观念作为一种特定的、带有阶级性的意识形态，在一定领域、范围内规范并调节人们的行为。目前，我们国家的基本经济制度是生产资料公有制，作为主流意识形态的生产资料公有制对人们的价值观念、行为等产生了重要影响，并且延续至今，公有制观念已深深缔结在人们心中，要想改变非常困难，强制改变，将会引起社会的动荡。农村土地集体所有，统一经营使用作为一种制度安排在集体化时代确立，农地产权高度强化，农民不得流转土地。小岗村农民挑战了这种制度安排，农地集体所有，家庭承包经营的意识被社会广泛接受，农民拥有了承包经营权，允许农地小范围内流转。随着社会主义市场经济的确立和深入，2014 年中央一号文件明确：“落实集体所有权、稳定农户承包权、放活土地经营权”。农民拥有可以自主经营和支配农地经营权的权利，人们的价值观念随农地制度变迁逐渐发生改变，农地流转形式多样化，流转规模加大。在确保集体所有权的前提下，借助农地流转，实现农地规模化经营成为可能。

自秦汉以来,家庭经营一直是农村经济结构的基本单元,亦是农村政治经济组织的基础。漫长的历史变迁使家庭形成了一套植根于家族体系的礼仪、宗教、伦理和法律之中的社会价值观念和组织形式[120],形成了一个由血亲、血统为基础的家庭网络及基于家庭网络形成的邻里、熟人等关系网络,这种家庭网络及其关系网络是农村社会信息等各种社会资源传播的主渠道,现已成为农民主要的、习惯的一种生活行为方式。家庭作为农村经济社会的基本单元,短时期不会发生改变,所以进行农地流转制度创新,必须重视家庭观念的影响。其实,家庭联产承包责任制在制度安排的初期,家庭作为农村经济社会的一个单位,克服了制度推行中社会成员的"搭便车"行为,降低了农业生产经营成本;家庭观念经过长久的历史沉淀,降低了制度变迁的成本以及农户和政府缔结合约的谈判成本,这都为家庭联产承包责任制的推行提供了有效的制度激励。但同时也应看到,家庭观念的对外排斥力为农地的大规模流转设置了一道屏障,影响了农地资源的效率配置。

中国社会的"不患寡而患不均"哲学理念,"均产相安"和谐思想,农民起义的"均田均赋"的口号,孙中山先生"平均地权"的设想,无不渗透着平均主义的理念,这不仅是千百年社会文明发展的结果,更是历史发展与变迁的产物,已经根深植入人心。新中国成立后,为实现"耕者有其田",国家分配土地的原则就是平均主义,在劳动力、土地的肥瘦上进行均衡;随着人口数量的增多,国家在承包地的分配上是否调整仍然维护平均主义。在农民的潜意识里,人人平等也就意味着农地理所应当平均分配,这种平均主义理念逐渐并已经渗透到农民的思想、价值观念且逐渐渗透到国家的正式制度安排。土地平均分配做到起点公平,如果地尽其用,农民都能最大化农地产出,实现个人效率和社会效率的统一,公平的价值理念才能真正实现。但现有的情况是,农地平均分配使得地块狭小、分散,机械化、科学化、信息化经营农地受限,农地资源的优化配置难以实现;农地均分的理念驱使,人口增加导致的农地定期或不定期调整,动摇了农地承包经营权的稳定性,规模经营难以开展,更是破坏了农地长期投资的预期;农民把农地作为社会保障,农地不能有效使用甚至撂荒,再加上农地流转机制、动力不足,农地无法实现有效流转,效率无法实现,公平从何谈起?

二、经济因素

(一)经济发展水平

经济发展水平对农地流转有着重要的影响。从宏观水平来看,经济发展水平的高低与人均GDP、农村人口的比重、非农产业的发展程度、农业产值,三大产业的就业比重、城市化率等密切相关,而这些相关因素又与农地流转有着千丝万缕的联系。经济形势的好坏也会影响农地流转的频率。经济形势好,非农用工需求增加,农村劳动力转移人口增加,农地闲置的可能性加大,农地流转的可能性就会增加;

反之,亦然。一般来说,经济发展水平越高,农民的收入水平越高,由于农业比较效益低,农民会转向非农产业或城市,从事农业劳动的人数就会越少,农业产值下降,非农产业的发展程度提高,城市化水平随之提高,农地流转的速度和规模也会呈现扩大趋势(见表5-4)。

表5-4　改革开放以来经济发展水平

年份	人均GDP/元	农业产值在GDP中的比重/%	二、三产业在GDP中的比重/%	农村人口比重/%	城市化率/%
1978	382	27.9	72.1	82.08	17.92
1980	464	29.9	70.1	80.61	19.39
1985	860	28.1	71.9	76.29	23.71
1990	1 654	26.7	73.3	73.59	26.41
1993	3 015	19.4	80.6	72.01	27.99
1995	5 074	19.7	80.3	70.96	29.04
2000	7 902	14.7	85.3	63.78	36.22
2003	10 600	12.4	87.6	59.47	40.53
2007	20 337	10.4	89.6	54.11	45.89
2008	23 912	10.3	89.7	53.01	46.99
2009	25 963	9.9	90.1	51.66	48.34
2010	30 567	9.6	90.4	50.05	49.95
2011	36 018	9.5	90.5	48.73	51.27
2012	39 544	9.5	90.5	47.43	52.57
2013	43 320	9.4	90.6	46.27	53.73
2014	46 629	9.2	90.8	45.23	54.77

资料来源:2015年《中国统计年鉴》:其中农业产值在GDP中的比重、二、三产业在GDP中的比重为推算所得。

从表5-4数据可以看出,改革开放后,国家的经济发展水平迅速提升,人均GDP从1978年的382元增加到2014年的46 629元,增长了121.07倍,年均增长率为14.3%;农业产值在GDP中的比重不断减少,但减少幅度不大,36年间减少了18.7%,而二、三产业比重从1978年的72.1%提高到2014年的90.8%,增长了18.7%;农村人口比重持续下降,城市化发展迅速。

但是,我们也看出,虽然经济发展水平迅速提升,但农业发展速度仍比较缓慢,这与国家的经济制度安排有很大联系,尤其是城市偏向的户籍制度、就业制度、社会保障制度等严重影响了农地产权制度的有效配置,农村劳动力无法实现真正的城市转移,农地流转不畅。从1998年农地合法流转开始,到2008年耕地的流转面积占承包耕地总面积的8.8%,流转比例较小。2007年党的十七届三中全会以来,国家加大了对“三农”的扶持力度,鼓励农地承包经营权流转,再加上城镇化发展进程加快以及农业发展方式的转变,农地流转速度加快,流转规模加大。截到2014年末,全国承包耕地面积流转4.03亿亩,流转比例迅速提高到了30.4%,是2008年的3.45倍,这与国家的经济发展阶段和发展程度相吻合。

从全国范围来看,农地流转已初具规模,但地区间经济发展状况不均衡,农地流转程度差别也较大。经济发达程度越高,农村劳动力的转移程度越大,农地流转的效率就会越高。目前,农村劳动力转移仍以东部转移为主,中西部地区转移比例开始上升。以农村劳动力的省内转移来看,东部地区省内就业的比重一直很高,在90%以上;中部地区从47.9%上升到50.9%,年均上升1个百分点;西部地区从50.3%上升到56.1%,年均上升2个百分点[121]。据2003年农业部对全国20 842户抽样调查资料显示,全国农地流转面积占耕地总面积的9.1%,中部则达到了11.6%,中部为9.00%,西部最低仅为3.86%。2009年,东部的上海、浙江、江苏农地承包经营权流转比例分别为:54.7%,32.0%和20.5%;中部的安徽、天津分别为9.2%、18.7%;而西部的贵州、甘肃流转比例分别为8.8%和2.4%。据国务院发展研究中心金融研究所副所长介绍,2011年经济发达地区的上海、北京、江苏、浙江的流转面积占比分别已达58%,46%,41%,40%,流转程度远远超过全国农地流转水平。2014年经济发达地区的上海、北京、江苏、浙江农地流转态势更好,耕地流转面积占比分别已达71.5%,52.0%,58.4%,48%。可见,农地流转的程度与经济发展程度、劳动力转移情况相吻合。

(二)农地流转直接费用指数

农地流转直接费用指数也对农地流转产生一定影响。农地流转直接费用指数指的是转出方收取的租金或转入方支付的租金。租金越高,农地转出方转出农地的意愿越强烈,但会抑制农地转入方转入农地的意愿。根据调研资料,河南省滑县水浇地年租金约730元/亩,转包水浇地的价格年1 400元/亩(转包面积60亩以上)。

(三)财政支农支出比例

财政支农支出比例,反映了财政支农力度对农地流转的影响也不可忽视。如加大财政农业支持力度,有利于新型农业经营主体的培育,促进农地的集中和规模经营的快速发展。

三、社会因素

（一）社会结构因素

建立在血亲、民俗、社会习惯等基础上的农村社会的社会结构以及构建的社会关系影响着农地流转对象的选择，选择不是根据资金是否充分、出价是否合理而决定，而是会优先考虑社会结构等要素[122]。农地流转对象存在一定的选择排序，“亲戚”“邻里”“朋友”以及由此形成的熟人关系是流转对象的首选。作为外地人，即使资金充足，种地经验丰富等也不占优势（见表5－5），分析表5－5中数据可以看出，农地流转多发生在亲属、熟人（一般都是本村或本队成员），外地人转入农地的比例很小。对农民而言，亲属、邻里等交往甚密、彼此信任，即使出现纠纷，村庄内部协调便利，这样，农地很难流向资金充足者或种田能手手中，农地的集约化、规模经营难以开展。其次，农村社会的权力机构也会发挥作用，他们会优先获得流转的土地或作为中介干预流转对象的选择。权利约束下的农地不规范流转、强制流转等侵害农民权益的事件时有发生。

表5－5　农地转出户和转入户关系

省份	亲属/%		熟人/%		其他/%	
	2000年	2008年	2000年	2008年	2000年	2008年
全国	64.91	60.27	27.20	35.89	7.89	3.84
河北	81.25	76.19	12.50	23.81	6.25	0.00
陕西	50.00	35.29	46.43	64.71	3.57	0.00
辽宁	42.86	52.38	51.43	45.54	5.71	2.38
浙江	64.41	48.31	27.97	37.08	7.63	14.61
四川	81.82	70.89	0.00	29.11	18.18	0.00
湖北	80.00	63.54	7.50	36.46	12.50	0.00

资料来源：黄季焜、郜亮亮等著. 中国的农地制度、农地流转和农地投资，格致出版社，2012。

（二）市场距离因素

市场距离影响农地流转的频率和价格。与市（县）、乡镇的远近直接影响着农地流转的程度。农作物种植一般会考虑运输、销售、资金等方面的因素，越靠近市（县）、乡镇，越容易出现规模较大的土地流转行为。若该地区非农工作机会不多，劳动力往往涌入用人较多的地区务工。

(三)历史传统因素

附加在农地上的农民生存、就业、养老等保障功能,随着社会保障制度的不断完善,其保障功能不断弱化。但是若要他们转让自己的农地仍非常困难,即使发生转让行为,在农地转让交易行为上存在"找差价"的历史传统。农地的非市场流转时,若转让价格低于市场价格,转让方会要求受让方找差价,表面看这种社会道义确保了转让方农地流转的权益,但是农地入市后这种道义、历史传统能够否继续发挥其效用?农地市场化流转后,农民受教育水平、信息搜寻、决策能力等影响,很难做出正确的价格判断,导致流转价格往往低于市场价格,农民若反悔,要求提高流转价格或找差价,签订的合同如何执行,合同的约束力如何体现?此类流转纠纷时有发生,多是农民反悔寻求差价补偿而起,比如江西铜鼓事件。道义救济、合同约束导致的纠纷是当前农地流转不可忽视的问题。

四、农业生产因素

农地流转的目的是实现规模经营,优化各种生产要素资源配置,实现经济效率的最大化。农业生产要素比如农业生产条件、农业机械拥有数量等在一定程度上都会影响农地流转。

(一)农业生产条件

农地流转的过程同时也是农业各生产要素资源合理配置的过程,但是农地产权安排中的地权平均使得土地规模狭小,较少的农地上负担着众多的劳动力人口,削弱了农业劳动力的利用功能。而土地规模狭小,农地细碎化程度高,农地难以实现集中化和规模化运营,农地的有效灌溉面积不足。从表 5-6 可以看出,人均耕地面积少,只有 2 亩左右;农地有效灌溉面积较低,除了 1995 年超过了 50%,其余都在 50% 以下。可见农地规模狭小、分散不仅影响农地的规模化程度,同时也影响农业机械化的开展。耕地的内部流转过程也是农地利用结构变化的过程,在农业产业结构内部,粮食作物的种植效益最低,可是从 1978 年—2012 年,粮食作物播种面积占农作物播种面积的比重始终在 68% 以上,可见农民在有限的农地上从事的是一种低效的种植方式。除保障国家的粮食安全的要求外,农地经营的规模化与机械化程度低也是一个原因。

表 5-6 农业生产条件

年份	人均耕地面积/(亩/人)	耕地面积/(亿亩)	有效耕地灌溉比重/%	农作物总播种面积/(亿亩)	粮食作物播种面积占农作物播种面积的比重/%
1978	—	14.91	45.2	150 104	80.3
1980	0.19	14.90	45.2	146 380	80.1

表 5－6(续)

年份	人均耕地面积/(亩/人)	耕地面积/(亿亩)	有效耕地灌溉比重/%	农作物总播种面积/(亿亩)	粮食作物播种面积占农作物播种面积的比重/%
1985	2.07	14.53	45.5	143 626	75.8
1990	2.10	14.35	49.5	148 362	76.5
1995	2.17	14.25	51.9	149 879	73.4
2000	1.98	19.51	41.4	156 300	69.4
2003	1.96	19.51	41.5	152 415	65.2
2007	2.16	19.68	46.4	153 464	68.8
2008	2.18	18.25	48.0	156 266	68.3
2009	2.26	20.31	43.8	158 614	68.7
2010	2.28	20.29	44.6	160 675	68.4
2011	2.30	20.29	45.6	162 283	68.1
2012	2.34	20.27	46.2	163 416	68.1

资料来源:2015 年《中国统计年鉴》,国研网统计数据库,《新中国 60 年统计资料汇编》。

(二)家庭农用机械数量

农地规模狭小、有效劳动力不足在一定程度上限制了农地流转和规模化经营,农业机械拥有量不足也是影响农地流转的因素。从表 5－7 可以看出,大中型拖拉机每百户不超过 5 台,收割机不超过 2 台,小型和手扶拖拉、机动脱粒机、水泵虽然相对多一些,机械化程度也没有超过 30%,且比较大型机械来说,有效动力不足,影响农地流转的进程。农业机械化的应用,能够有效缓解农村劳动力的劳动强度,提高农业生产效率,一定程度上又解放了大批农村劳动力,促进农地流转;同样,农地流转使农地被集中起来,能开展规模经营,促进农业机械化程度的提高。

表 5－7　家庭农用机械数量　　单位: 每百户

年份	大中型拖拉机/台	小型和手扶拖拉机/台	机动脱粒机/台	收割机/台	水泵/台
1983	0.2	1.4	0.9	—	0.9
1985	0.4	2.7	1.9	—	1.7
1990	0.5	5.3	3.6	—	3.9

表5－7(续)

年份	大中型拖拉机/台	小型和手扶拖拉机/台	机动脱粒机/台	收割机/台	水泵/台
1995	0.8	9.9	6.3	—	9.1
2000	1.4	16.7	9.6	1.2	17.7
2003	1.8	18.9	10.1	1.2	21.1
2008	3.1	19	10.3	1.1	24.1
2009	3.4	19.4	10.5	1.4	25.1
2010	3.4	19.4	10.6	1.3	25.9
2011	4	19.9	10.4	1.5	23.6
2012	4.4	20.5	11.5	1.8	25.5

资料来源:国研网统计数据库。

第二节　影响农地流转利益主体行为选择的内部因素分析

这里的内部因素主要指的是农户个体因素。农户作为农地流转的主体,其自身特征、资源禀赋、经济因素等对农地流转意愿和行为有着重要的影响。农户自身特征要素很多,如思想观念、身体素质、受教育水平、性别、年龄、非农就业能力、非农就业收入占比、经营农地数量、家庭人口结构等。易小燕等通过对典型地区农民农地流转的行为进行分析认为,农地转出规模与户主年龄、身体素质以及家庭农业劳动力多少密切相关;农地转入规模与户主的年龄及身体素质存在相关关系,并非密切相关;农地是否转让和规模的大小与农户拥有的耕地数量、农地流转租金以及流转期限等农户资源禀赋、经济因素密切相关[123]。这里重点分析受教育水平和家庭劳动力比例等两个重要因素。

一、受教育水平

农民的受教育水平也是影响农地流转的重要因素。农民的受教育程度不同,他们对技术的掌握、信息的搜集和筛选能力也就不同,从而做出的生产决策行为亦不相同。一般意义上,农民的受教育水平越高,掌握技术的能力也越高,外出就业的机会就会越大,劳动报酬也会越高。若农户不选择非农就业,从事农业生产经营,也会因快速地掌握先进技术和农业管理经验获得较高的农业收益。当前,农业生产的总体效益偏低,农民整体的受教育水平偏低(见5-8),而且产业对技术要求不高,农民往往选择非农就业,这与农民的受教育水平的高低关系不大。但受教育程度越高的农民,接受新事物的能力越强,往往会选择非农就业。选择非农就业的同时,一般选择转出农地,以获得出租收入;但若从事农业经营的话,也会转入农地,以便扩大经营规模,获取农地规模化收益。

表5-8　1985-2012年农村居民家庭劳动力文化状况单位

年份	不识字或识字很少/%	小学程度/%	初中程度/%	高中程度/%	中专程度/%	大专及大专以上/%
1985	27.9	37.1	27.7	7	0.3	0.1
1990	20.7	38.9	32.8	7	0.5	0.1
1995	13.5	36.6	40.1	8.6	1	0.2
2000	8.1	32.2	48.1	9.3	1.8	0.5
2003	7.4	29.9	50.2	9.7	2.1	0.6
2007	6.3	25.8	52.9	11	2.5	1.4
2008	6.1	25.3	52.8	11.4	2.7	1.7
2009	5.9	24.7	52.7	11.7	2.9	2.1
2010	5.7	24.4	52.4	12	2.9	2.4
2011	5.5	26.5	53	9.9	2.5	2.7
2012	5.3	26.1	53	10	2.7	2.9

资料来源:国研网统计数据库。

二、家庭劳动力比例

从表5-9分析可以看出,由于农村劳动力的转移,农村家庭成员结构发生了很大变化。改革开放初期,国家在政策上下限制农村劳动利力的转移,家庭常住人口较多,调查结果显示每户都在5人以上。1988年法律上正式允许农村劳动力转移,每户家庭的常住人口降到了5人以下。现阶段更是持续下降,常住人口不足4人/户,劳动力不足3人/户,整劳动力不足2人/户。在农业生产经营中,由于劳动力和整劳动力较少,多是老弱病残人口,农地粗放经营,这种经营方式不适合种植经济作物;再加上林业种植的生产周期较长、牧渔养殖的科技含量较高,大多农户只能选择种植粮食作物,低效生产带来的是低收益,农民增收缓慢,城乡差距逐渐加大,不利于城乡一体化的发展。

农村家庭有效劳动力不足,农地利用程度降低,再加上农民对土地流转信息掌握不足,流转价格偏低,交易成本和费用偏高致使农民只能选择种植业。此外,转移出去的农村劳动力也因城市偏向的户籍、就业、社会保障等制度无法获得与城市居民同等的待遇,转移行为多是临时的一种兼业行为,一旦城市就业不稳,他们还会回到自己的农地上,由农地提供保障功能,农地流转受到限制,规模化经营难以开展。有效劳动力不足是农地流转的一个前提条件,若要农地动起来,必须在制度上做文章,建立城乡统一的经济制度和城乡统一的劳动力市场,弱化农地的生存、就业和保障功能,方能实现农地的规模经营。

表 5-9　农村居民家庭人口状况

年 份	调查户数/户	常住人口/(人/户)	劳动力/(人/户)	整劳动力/(人/户)
1978	6 095	5.7	2.3	—
1980	15 914	5.5	2.5	—
1985	66 642	5.1	3	2.4
1990	66 960	4.8	2.9	2.5
1995	67 340	4.5	2.9	2.4
2000	68 116	4.2	2.8	2.1
2003	68 190	4.1	2.8	2
2007	68 190	4	2.8	2
2008	68 190	4	2.8	1.9
2009	68 190	4	2.9	1.9
2010	68 190	4	2.9	1.8
2011	73 630	3.9	2.8	1.8
2012	73 750	3.9	2.8	1.8

资料来源:国研网统计数据库。

第三节　基于层次分析法的影响因素重要性排序

一、影响因素指标体系的建立

通过上文分析，分别选择多个具体指标对影响农地流转的因素进行分析，构建表5－10的指标体系，指标含义和经济意义体现在表中。

表5－10　农地流转影响因素指标体系

指标分类	具体指标	指标含义
制度因素	(1)农地产权制度	正式制度指标，是指正式的、成文法律规定。一般来说，制度因素可以用人们对它们的主观评价来表示
	(2)户籍制度	
	(3)就业制度	
	(4)社会保障制度	
	(5)公有制意识形态	非正式制度，是指社会认可的约定成俗、共同恪守的行为准则。由人们的主观评价来表示
	(6)家庭观念	
	(7)平均地权	
经济因素	(8)人均GDP	一个国家或地区国内生产总值与总人口的比值
	(9)二、三产业产值占GDP比例	一个国家或地区第二产业、第三产业产值之和与国内生产总值的比值
	(10)农业产值比例	农业产值占国内生产总值的比例
	(11)农地流转直接费用指数	反映农地流转过程中农户直接获得的农地收益或者是农地流转中农地转入者支付的农地租金
	(12)财政支农支出比例	体现政府对农业的投资力度
社会因素	(13)二、三产业从业人员比例	反映某一地区非农人口的比例
	(14)社会结构	反映社会关系的亲疏远近程度
	(15)市场距离	农产品销售或生产要素获得的难易程度
	(16)历史传统因素	反映道义的约束力程度

表 5－10(续)

指标分类	具体指标	指标含义
农业生产因素	(17)劳均耕地面积	反映了某地区耕地资源数量的分配情况
	(18)家庭农用机械数量	体现农户家庭的机械化利用程度
	(19)粮食作物面积占农田总面积比例	反映了某地区耕地利用构成情况
内部因素(农民个体因素)	(20)年龄	农户实际年龄
	(21)性别	—
	(22)受教育程度	反映农户接受新鲜事物的能力
	(23)家庭劳动力比例	反映农户的家庭负担

二、影响因素重要性排序

为了对表 5－10 中建立起来的影响农地流转的因素重要性进行分析，综合考虑各种方法的利弊，本书采用层次分析法进行研究，试图对影响因素的重要程度排序，选取对流转主体影响较大的因素，以期对后面章节的农地转出方的意愿和行为的实证分析打下基础。

(一)层次分析法的运用

层次分析法(Analytic Hierarchy Process，AHP 法) 是美国运筹学家、匹兹堡大学教授 Thomas L. Saaty 提出的一种层次权重决策分析方法(Thomas L. Saaty，1980)。这是一种能够将无结构特性、对目标和准则约束较多的复杂的决策问题简便化的决策方法，在深入分析复杂决策问题内在联系和影响因素的基础上，根据少量的定量信息使决策过程数学化。具体来讲，决策者将影响复杂决策问题的因素分解，根据隶属关系将因素层层分解，形成多层次的递阶结构，选择相关学者、专家对统一层次的因素进行对比，构造出判断矩阵，利用数学方法得到各因素的相对权重，确定优劣排序，根据最终的排序采取相应的解决措施。AHP 法多用于解决结构复杂、决策准则多且不易量化的问题。利用 AHP 方法确定指标权重的步骤主要如下：

1. 构造递推层次结构模型

首先，将影响最终评价问题的因素划分为不同层次，同一层次的指标彼此之间相互独立，受上层指标的支配同时支配其下一层次的指标，形成一个多层次结构，见表 5－11。

表 5－11　递推层次结构模型

$\mu 1$	$\mu 2$	$\mu 3$	…	μm
μ_{11}	μ_{12}	μ_{13}	…	μ_{1m}
μ_{21}	μ_{22}	μ_{23}	…	μ_{2m}
:	:	:	…	:
μ_{n1}	μ_{n2}	μ_{n3}	…	μ_{nm}

2. 构造判断矩阵

判断矩阵就是对指标的重要程度进行两两比较，采用“1—9”，见表 5－12 标度表。递推层次结构模型确定了，指标间的隶属关系也确定下来。对同一层次的 n 个指标，通过对两两重要性分析判断，得到满足下列条件的比较判断矩阵 $\mathscr{A}=\{a_{ij}\}$：

表 5－12　判断矩阵的标度

标度	含义
1	表示两个因素重要性相同
3	表示一个因素稍重要于另一个因素
5	表示一个因素较重要于另一个因素
7	表示一个因素明显重要于另一个因素
9	表示一个因素绝对重要于另一个因素
2,4,6,8	为上述相邻标度的中值
倒数	相应两因素交换次序的重要性比较

3. 计算各级指标权重

根据判断矩阵，计算各级指标权重的步骤如下：

计算判断矩阵每一行元素的乘积 M_i：

$$M_i = \prod_{j=1}^{n} b_{ij}, i = 1,2,3,\cdots,n$$

计算 M_i 的 n 次方根：

$$\overline{\overline{W}}_i = \sqrt{M_i}, i=1,2,3,\cdots,n$$

式中，n 为矩阵阶数对向量

$$\overline{\overline{\boldsymbol{W}}} = (\overline{\overline{W}}_1, \overline{\overline{W}}_2, \cdots, \overline{\overline{W}}_n)^{\mathrm{T}}$$

进行归一化,计算如下:

$$\overline{\overline{W}}_i = \overline{\overline{W}}_i / \sum_{i=1}^{n} \overline{\overline{W}}_i$$

$\overline{\overline{W}}_i$ 即为所求的各指标权重

4. 计算判断矩阵的最大特征值

$$\lambda_{\max} = \sum_{i=1}^{n} \frac{(\boldsymbol{A} \cdot \boldsymbol{W})_i}{n \cdot \boldsymbol{W}}$$

式中

$$\boldsymbol{A} \cdot \boldsymbol{W} = \begin{bmatrix} a_{11} & a_{12} & \cdots & a_{1n} \\ a_{21} & a_{22} & \cdots & a_{2n} \\ \vdots & \vdots & \cdots & \vdots \\ a_{n1} & a_{n2} & \cdots & a_{nn} \end{bmatrix} \cdot \begin{bmatrix} W_1 \\ W_2 \\ \vdots \\ W_3 \end{bmatrix}$$

$$(\boldsymbol{A} \cdot \boldsymbol{W})_i = \alpha_{il} \cdot W_1 + \alpha_{i2} \cdot W_2 + \cdots + \alpha_{in} \cdot W_n$$

5. 一致性检验

一致性是评价记分是否合理的重要指标,对判断矩阵的评定结果进行一致性检验的目的是衡量层次排序的有效性。判断矩阵是由相关学者、专家凭主观经验量化,不可能做到完全一致性,T. L. Saaty 提出通过确定 $C \cdot R$ 即随机一致性比值(Thomas L. Saaty,1980)的值来进行判断,$C \cdot R$ 的计算公式为

$$C \cdot R = C \cdot I / R \cdot I$$

当 $C \cdot R < 0.1$ 时,表示可以接受比较矩阵的判断结果,一致性得到满足。式中 $R \cdot I$ 为平均随机一致性指标,与判断矩阵的阶数 n 有关。

首先,计算一致性指标

$$C \cdot I: \ C \cdot I = (\lambda_{\max} - n)/(n-1)$$

其中,$Z_i = \alpha + \beta X_i + \mu$,$e$ 代表自然对数的底。式(1)的估计式为:式中 $\boldsymbol{A}$:就是已知判断矩阵;n:判断矩阵阶数;$\boldsymbol{Wi}$:相对权重列向量。

其次,查 $R \cdot I$,即同阶矩阵平均一致性指标。

最后,计算一致性比率 $C \cdot R$。$C \cdot R = C \cdot I/R \cdot I$,当 $C \cdot R = 0$ 时,A 具有完全一致性。当 $C \cdot R < 0.1$ 时,A 具有满意一致性。当 $C \cdot R \geqslant 0.1$ 时,A 具有非满意一致性,应予以调整或舍弃不用。

同阶矩阵平均一致性指标 $R \cdot I$ 见表 5-13。

表 5-13 平均随机一致性指标

阶数 n	1	2	3	4	5	6	7	8	9
R_1	0	0	0.58	0.90	1.12	1.24	1.32	1.41	1.45

利用上述方法，分别将指标体系送给60位专家①进行打分，然后运用MATLAB 7.0软件编辑程序进行计算，可以得出各子系统内各指标权重，见表5－14。

表5－14　农地流转影响因素指标体系的权重

指标分类	具体指标	指标权重		
		组内权重	总体权重	排序
制度因素0.259 9	农地产权制度	0.269 8	0.070 1	4
	户籍制度	0.151 7	0.039 4	10
	就业制度	0.081 7	0.021 2	16
	社会保障制度	0.198 5	0.051 6	6
	公有制意识形态	0.081 7	0.021 2	16
	家庭观念	0.081 7	0.021 2	16
	平均地权	0.134 9	0.035 1	11
经济因素0.158 1	人均GDP	0.160 5	0.025 4	13
	二、三产业产值占GDP比例	0.095 4	0.015 1	20
	农业产值比例	0.276 7	0.043 7	7
	农地流转直接费用指数	0.467 4	0.073 9	3
	财政支农支出比例	0.266 1	0.015 6	19
社会因素0.058 5	二、三产业从业人员比例	0.216 7	0.012 7	21
	社会结构	0.017 3	0.001 0	23
	市场距离	0.114 2	0.006 7	22
	农村流转合同管理的规范性指数	0.385 7	0.022 6	14
农业生产因素0.096 2	劳均耕地面积	0.453 1	0.043 6	8
	家庭农用机械数量	0.320 4	0.030 8	12
	粮食作物面积占农田总面积比例	0.226 5	0.021 8	15

① 60位专家包括15位长期研究土地流转问题的专家、6位政府官员、9位新型经营主体负责人（含3位合作社社长、3位种植大户、3位龙头企业负责人）、30位农民。专家、官员、新型经营主体负责人、农民的意见分别按照10:5:6:1的比例取加权平均值算出。

表 5 –14(续)

指标分类	具体指标	指标权重		
		组内权重	总体权重	排序
农民个体因素 0.427 2	年龄	0.160 5	0.068 6	5
	性别	0.095 4	0.040 8	9
	受教育程度	0.276 7	0.118 2	2
	家庭劳动力比例	0.467 4	0.199 7	1

五大类因素分别是制度因素、经济因素、社会因素、农业生产因素和农民个体因素,按照专家打分,其权重分别为:0.259 9,0.158 1,0.058 5,0.096 2,0.427 2,也就是说,农民个体因素是影响农地流转的最主要因素,其次是制度因素、经济因素,最后是农业生产因素和社会因素。

在具体指标的权重计算中,要求专家分别按照上面 5 大类因素进行组内指标重要性打分,然后运用层次分析法计算出组内权重;组内权重与上述 5 大类因素权重进行相乘,计算出总体权重,也就是每一个指标在整个影响因素指标体系中的权重。

按照总体权重可以对所有的影响因素进行重要性排序,可以看出,排在前 10 位的因素分别是家庭劳动力比例、受教育程度、农地流转直接费用指数、农地产权制度、年龄、社会保障制度、农业产值比例、劳均耕地面积、性别和户籍制度,这些因素和农民的关系密切。下一章将重点以这些因素为主对影响流转主体农地转出行为进行分析。

第四节 小 结

农地流转是多因素共同作用的结果。农地流转主体行为与外部环境关系密切,制度因素、社会因素、经济因素、农业生产因素等会影响农地流转,农地流转内部因素则反映农户自身特征对农地流转的影响,自身因素包括家庭劳动力比例、受教育程度等。本书通过专家打分,确定了各因素的影响权重,对以上影响因素运用层析分析法确定各因素的影响程度,并进行重要性排序,排序的结果为排位比较靠前的影响因素是与农民流转行为相关的重要因素。

第六章　基于 Logistic 方法的我国农地流转主体行为选择影响因素分析

农地转出方是农地供给的主体，其农地流转的意愿和行为对农地流转是否顺利进行有着重要影响。而农地转出农户的流转意愿又受农户年龄、受教育水平、劳动力数量等多种因素影响和制约。本书对影响农户转出农地的影响因素进行 Logistic 分析，确定影响因素的影响程度，以便客观评价农地流转特征和农地流转行为。

第一节　研究思路与假设

对于农地流转主体来说，农户是否愿意转出农地对农地流转有着重要的影响。从农户农地流转行为来看，可以分为转入行为和转出行为，本书重点分析农地转出行为，选取第五章层次分析法确定的重要因素作为主要影响因素进行微观验证。户主在农户家庭生产经营决策中起着关键性作用，因此户主的年龄、受教育程度等个人特征和农户家庭基本情况、收入水平、现有的土地面积等家庭主要特征对农户土地流转意愿都有直接的影响。据此，本研究提出如下假设，见表 6－1。

(1)户主年龄越大越保守，农户农地转入的意愿就越低；相反，农户年龄越大，由于身体等方面原因限制，农户农地转出的意愿越高。

(2)户主受教育程度越高，对新事物的接受能力越强，更倾向于通过农地流转创造更多收入，愿意转入农地。同时，农户受教育年限越高，掌握的技能越多，学习能力越强，容易进入非农行业，因而也愿意将农地转出。

(3)农户家庭人口越多，劳动力数量越大，农户转出农地意愿越小；相反，转入农地的意愿越大。

(4)农户家庭兼业人数越多，倾向于将农地转出从而获得更多非农收入；相反，该类农户的农地转入意愿越小。

(5)农户家庭拥有的农用机械越多规模越大，转入农地的意愿越强烈；相反，农户家中机械较少，无法从事规模化经营，因此倾向于转出农地。

(6)农户现有耕地面积越大，越可能转入更多农地发展更大规模的经营，因而农地转入的意愿越强;相反,农户现有耕地面积越小,倾向于将农地转出。

(7)农村社会保障程度越高,农户对土地依赖性小,为获得更多收入,农户倾向转出农地从事非农,因而农户转出农地的意愿较大;相反,社会保障程度提高,农户农地转入的意愿降低。本假设的社会保障程度主要通过农村新型合作医疗和农村养老保险两个指标来观察。

(8)农户关于农地流转政策了解越多,越可能参与农地流转,无论对于农地转入户还是转出户都会有显著正向影响。

(9)农户家庭非农收入高,说明其对农地的依赖性低,倾向于将农地转出,而不愿意转入更多土农地。因此农户家庭非农收入与农地转入意愿成负相关关系,与农地转出意愿成正相关关系。

表6-1 农地流转影响因素的研究假设

影响因素	研究假设
户主年龄	正相关
户主文化程度	正相关
家庭人口规模	正相关
家庭劳动力人数	正相关
家庭兼业人数	负相关
家庭农用机械数量	正相关
家庭现有耕地面积	正相关
新型农村合作医疗保险人数	负相关
农村社会养老保险人数	负相关
农地流转的政策	正相关
家庭非农收入	负相关

第二节 调查安排与基本统计

为了进一步了解上述因素对农地流转的影响,课题组在参阅了国内外大量有关文献后,首先拟定调查方案、确定调查所需的相关指标,之后又围绕指标设计调查问题,进而形成了问卷的初稿。在正式定稿前,笔者与相关专家老师、政府的相关人员进行了沟通交流,征求了他们的意见和建议,并进行了问卷的预调研,根据反馈结果,对问卷进行了分析和修正,并形成问卷调研终稿。

2014 年 7 月至 2014 年 8 月，课题组利用假期组织了 5 名教师和 12 名研究生通过发放《农村土地流转主体行为选择调查问卷》以走访座谈的方式对黑龙江省方正县、五常市，河南省滑县，江西省余江县等地 4 个县(市)12 个村(屯)进行了实地调查。

问卷包括两个部分：第一部分是农户基本情况调查，该部分所有被调查的农户均需填写。在调查内容上主要包括户主个人特征、农户家庭人口结构特征、农户家庭收入结构、农户对农地流转的基本认知情况。第二部分是农户农地流转情况调查。调查内容主要包括农户转入、转出农地的基本情况、农户家庭资源禀赋、农户土地流转的原因及遇到问题、农户流转意愿的调查、政府政策影响等。此外，对未参与农地流转户的调查，该部分除农户家庭资源禀赋外，重点就农户未参与农地流转的原因、未来农地流转的预期、可以促使农户参与农地流转的因素等方面进行了调查，以此了解他们的意愿。

实际调查地点及样本分布特征见表 6－2。

表 6－2 样本区各县(市)农地流转情况

县(市)	总样本		转入户		转出户		无流转户	
	户数	比例/%	户数	比例/%	户数	比例/%	户数	比例/%
方正县	83	17.29	14	16.87	36	43.37	33	39.76
五常市	130	27.08	24	18.46	54	41.54	52	40.00
滑县	153	31.88	21	13.73	78	50.98	54	35.29
余江县	114	23.75	23	20.18	67	58.77	24	21.05
合计	480	100.00	82	17.08	235	48.96	163	33.96

资料来源：样本区调查数据。

经过样本的基本统计，可以看出：

(1)我国农户农地流转率整体较高，但流转发育程度相对较低。调查结果显示，样本农户农地流转流转比例达 48%，农地流转率整体较高。调查也发现，样本地农地流转用途以种粮为主比例高达 97%。农地流转方式虽多元化但呈现显著不均衡性，65% 的农户以“转包”的方式流转农地，“转让”“入股”“出租”等农地流转方式所占比重较小。农地流转以短期为主，五年以内的流转户数量占 74%，中长期流转较少。

(2)农户未来农地流转意愿不强、后劲不足。样本区农地流转率整体较高，但农户未来农地流转的意愿不强，农地流转后劲不足。在样本区农地转入户中农地流转意愿“特别强烈”和“比较强烈”的比例为 48%，关于未来农地转入的意愿，仅有33%的农户有转入农地的意愿。在样本区农地转出户中农地流转意愿“特别强烈”和“比较强烈”的比例为39%。样本区尚未参与农地流转的农户未来农地流转的意愿为“特别强烈”和“比较强烈”的比例仅为31%。

第三节　模型建立与变量选择

一、模型建立

本部分对农户农地转出意愿影响因素的实证分析采用Logistic模型。logistic模型是逻辑概率分布函数，此模型能够克服线性方程受统计假设约束条件的局限性，不需要严格的假设条件，具有比较广泛的适用范围。因此，logistic回归模型非常适合本书研究的需要。该模型基本形式为

$$P_i = F(Z_i) = P(\alpha + \beta X_i + \mu) = \frac{1}{1 + e^{-z_i}} = \frac{1}{1 + e^{-(\alpha + \beta X_i + \mu)}} \qquad (6-1)$$

其中，$Z_i = \alpha + \beta X_i + \mu$，$e$代表自然对数的底。式(1)的估计式为：

$$\mathrm{Log}\frac{P_i}{1 - P_i} = Z_i = \alpha + \beta X_i + \mu$$

模型的具体形式可以表示为

$$\mathrm{Log}\frac{P_i}{1 - P_i} = \alpha + \beta_1 X_{i1} + \beta_2 X_{i2} + \beta_3 X_{i3} + \varepsilon \qquad (6-2)$$

式(6-2)中的P代表事件发生的概率。由于Logistic模型中的变量关系服从Logistic函数分布，而Logistic可以将回归变量的值域有效地限制在[0,1]范围，因此，Logistic模型的因变量值域也就会被限制在[0,1]之间。

二、变量选择与说明

基于数据的可得性等考虑，本调查中影响土地流转的指标主要以农户个体指标为主，然后兼顾经济、社会和农业生产指标。本指标体系与表5-10有所不同。

本书以农户是否转出农地为因变量，以户主的年龄、文化程度、家庭人口规模等11个影响因素分别为自变量。

模型中自变量的定义与说明见表6-3。

农户家庭人口结构特征主要用家庭人口规模、家庭劳动力人数、家庭兼业人数来描述。农户家庭人口规模指的是没有成家立户，而且经济上、生活上与家庭保持密切联系的家庭成员数量。

表 6-3　模型自变量的定义与说明

变量	变量解释	变量取值
X1	户主年龄	30 岁以下 =1;31 ~40 岁 =2;41 ~50 岁 =3;51 ~60 岁 =4;60 岁以上 =5
X2	户主文化程度	未上过学 =1;小学 =2;初中 =3;高中及以上 =4
X3	家庭人口规模	1 ~2 口人 =1;3 ~4 口人 =2;5 ~6 口人 =3;7 口人及以上 =4
X4	家庭劳动力人数	1 ~2 口人 =1;3 ~4 口人 =2;5 ~6 口人 =3;7 口人及以上 =4
X5	家庭兼业人数	实际调查数据
X6	家庭农用机械数量	实际调查数据
X7	家庭现有耕地面积	10 亩以下 =1;10 ~20 亩 =2;20 ~30 亩 =3;30 ~40 亩 =4;40 ~50 亩 =5;50 亩及以上 =6
X8	新型农村合作医疗保险人数	实际调查数据
X9	农村社会养老保险人数	实际调查数据
X10	对土地政策的了解	有 =1;没有 =2
X11	家庭非农收入	实际调查数据

(一)劳动力人数

主要指的是年龄在 16 ~60 周岁(包括尽管年龄在 16 岁以下、60 岁以上但实际上在从事劳动)的人数。家庭兼业人数指既从事农业,也从事非农业的劳动力人数。

(二)农户家庭资源禀赋

这是影响农户农地流转决策的关键变量,主要用家庭现有耕地面积、家庭农用机械数量来描述。主要用家庭耕地面积描述农户土地资源和货币资本,用家庭农业机械数量描述农业固定资本,代表农户生产能力和水平。

(三)农户收入状况

主要用家庭非农收入来描述,家庭非农收入状况代表着农户家庭收入的结构。

(四)经济因素

本书主要研究影响农户农地流转意愿的因素,经济因素尽管对农地流转有较大影响,但是由于不同农户处于相同的经济因素背景下,本书在实证部分不对外部经济因素如宏观经济环境、农产品价格等进行分析,仅对农户在农地流转中的交易成本进行计量分析。农地交易费用指的是在农地流转过程中,交易主体为寻找交易对象、谈判和签订交易协议以及监督协议执行等所花费的各种费用。本书对交易费用的测度主要考察农户在农地流转中需要花费的时间。

(五)制度因素

现有的国家土地政策对调研样本的不同农户具有相同的影响,但由于农户对政策信息的获得和了解程度不同,对农地流转主体行为选择有不同的影响。本书用农户关于土地流转政策的了解程度来评价其对农地流转的影响。此外,本书采用农户加入新型农村合作医疗保险的人数和加入农村社会养老保险的人数来反映农村社会保障制度对农户农地流转的影响。

第四节　结果与分析

根据建立起来的模型指标,运用 SPSS19.0 进行分析,得到结果见表 6－4。

表 6－4　样本区农户农地转出意愿的 Logistic 模型运行结果

指标	系数	Wald 统计量	概率	Exp(B)
户主年龄	0.376	5.413	0.020	1.456
户主文化程度	－0.527	6.283	0.012	0.590
家庭人口规模	－0.279	2.359	0.125	0.757
家庭劳动力人数	－0.001	0.000	0.996	0.999
家庭兼业人数	－0.392	3.544	0.030	0.676
家庭农用机械数量	－0.590	4.427	0.035	0.554
家庭现有耕地面积	0.025	0.047	0.828	1.025
新型农村合作医疗保险人数	0.006	0.001	0.970	1.006
农村社会养老保险人数	0.126	1.262	0.261	1.135
对土地政策的了解	0.245	0.634	0.426	0.783
家庭非农收入	0.435	20.072	0.000	1.545

从农户农地转出意愿的 Logistic 模型运行结果可以得出影响农户农地转出意愿的显著性因素有 5 个,显著性从强到弱分别是家庭非农收入、户主文化程度、户主年龄、家庭兼业人数、家庭农用机械数量。其他因素对农户农地转入均不同程度的影响,但不在 0.05 的显著性水平范围内,影响不显著。

（一）家庭非农收入

农户家庭非农收入与农地转出意愿呈显著正相关关系，相关系数为 0.435，显著性数值 0.000。这说明当农户家庭非农收入达到越高水平时，尤其是农户逐步转向非农后，农户由于具备了较强的非农水平，能够获得比从事农业更高的收入，处于比较利益考虑，农户会选择将土地转出而专心从事非农以获得更高收入。

（二）户主个人特征

户主文化程度与农地转入意愿具有负相关关系，系数为 -0.527，显著性数值为 0.012。户主受教育程度越高，知识和能力越强，从事非农的机会越多，因而对转入农地的意愿越低。但这种负相关关系在统计上不显著。

户主年龄对农户农地转出意愿的影响呈显著正相关关系，系数为 0.376，显著性数值为 0.020。这说明户主年龄越大，由于身体健康状况的影响，耕种能力随之下降，越倾向于将农地转出。

（三）户主家庭人口结构特征

农户家庭兼业人数与农户农地转出意愿呈负相关关系，相关系数为 -0.392，显著性数值为 0.030。现代农业规模化经营越来越趋向资金密集型。农户家庭兼业人数越多，积累的家庭资本也越多，越有实力增加农地发展规模化生产经营，因而愿意转入更多农地。

农户家庭人口数与转出意愿有负相关关系。相关系数为 -0.001，显著性数值为 0.996。农户家庭人口越多，自身拥有的农地数量越多，本身就具备一定的规模经营。加之，由于家庭劳动力数量多，拥有更多的农业生产人力资源成本，因而不愿意将农地转出。但此处的负相关在统计上不显著。

（四）家庭资源禀赋

农户农用家庭机械数量与农户农地转出意愿呈负相关关系，相关系数为 -0.59，显著性数值为 0.035。这说明农户家庭拥有的农用机械数量越多、规模越大，越不会转出农地而是会充分发挥现有机械设备和耕作能力，通过农地流转进一步提高规模效益，从而增加家庭收入，因而愿意转入更大规模的农地。

农户家庭现有耕地面积与农户农地转出意愿成正相关关系，相关系数为 0.025，显著性数值为 0.828。农户家庭现有耕地面积较大，在合适的条件下，农户会倾向于将农地集中连片转出，可以获得较高的地租收入。此处的正相关关系在统计上也不显著。

（五）外部性因素

农户社会保障程度与转出意愿成正相关关系。该部分同样用农户参加新型农村合作医疗保险和农村养老保险两个指标来考察。从实证结果看，新型农村合作医疗保险人数，相关系数为 0.006，显著性数值为 0.970；农村社会养老保险人数，相关系数为 0.126,显著性数值为 0.261。农村社会保障程度越高,农地的社会保障功能越低,农户对农地的依赖性小,转出农地的可能性越大。此处的正相关性在统计上不显著。

农户对政府农地流转的相关政策了解程度与转出意愿成正相关关系,相关系数为 0.245,显著性数值为 0.426。农户对政府农地流转的相关政策了解越多,对农地转出后的收益、对农地转出后难以收回等方面的担心越少,因而就越愿意将农地转出。但这种正相关性在统计上不显著。

通过对农户农地转出意愿影响因素的计量分析,得出影响农户农地转出意愿的显著性因素有 5 个,显著性强弱是家庭非农收入 > 户主文化程度 > 户主年龄 > 家庭兼业人数 > 家庭农用机械数量。其他因素对农户农地转出均有不同程度的影响,但不在 0.05 的显著性水平范围内,影响不显著。农户非农收入等经济特征仍是影响流转的主要因素,只有农户有了更好的生活保障,他们才愿意“舍弃”农地,这也是我国新型城镇化进程中必须考量的一个重要因素。

第五节 小 结

根据第五章影响因素的排序,选取部分重要指标,结合对全国“三省四县市”农户的实地调查,发现我国农户农地流转中存在流转率整体较高、但流转发育程度相对较低、未来农地流转意愿不强、后劲不足等问题。进而采用 Logistic 方法对影响样本农户农地转出的意愿进行分析,研究表明,家庭非农收入、户主文化程度、户主年龄、家庭兼业人数、家庭农用机械数量与农户农地转出意愿显著相关。

第七章 优化我国农地流转利益主体行为选择的对策建议

农地流转其实质是“三权分离”下整合、配置、优化农地资源,实现农民获取农地收益的过程。现行农地产权制度下,农地流转涉及多个利益主体,各行为主体角色地位、参与程度、利益诉求等不同,在农地流转中的行为表现亦不同。协调各行为主体利益,形成各主体间合力,理顺各行为主体间的关系并规范和优化主体行为,对农地承包经营权合理、有序的流转有着重要的影响和意义。本章先探讨了激励各利益主体行为的对策建议,又提出了完善相关配套政策的对策建议,以协调各利益主体的行为,合力拧成一股绳,促进农地承包经营权合理、有序流转,为经济增长与社会发展注入活力。

第一节 激励利益主体的对策建议

一、构建农地转出方的激励机制

构建转出农地的激励机制,应提高农民的整体素质、提升农民参与决策的话语权,推动公平而自愿的农地流转。

提高农民的整体素质。基于前文分析,高素质的农民对农地承包经营权流转的影响非常显著,受教育水平越高的农户越容易转出农地。我国从事农业耕作的农民素质普遍偏低,致使农地的社会保障功能不断强化,保障功能越强,农民进行农地流转的意愿越低。其实,农地转出户转出农地的最终目的是增加收入,农民转出农地,一般会选择进城务工,进城农民工要有一定的文化素养与技能,能务工或者能够自主创业,能够进得城、留得下,由农民变为市民。所以不断提高农民的受教育水平,提升其文化、科技、职业或就业技能,具备良好的城市适应能力,才能具有更好的就业机会和发展前景。若选择农业内部或就地转移就业,职业农民培育必不可少,借助发达的网络进行远程教育培训,借助高校等培训机构对新型职业农民进行创业培训,不断提高职业农民的农业科技能力和农业经营能力,打造懂经营、会管理、能创业的职业农民。农民素质不断提供,具有了经营能力、创业能力等，农地转出或转入皆有可能。因此应构建多方位、多层次的教育机制，建立科学配置和功能齐全的农业教育培训体系，培育能有效应对经济社会发展的应用型人才，不断提高农民的文化水平，加大职业培训力度和机会，切实提高其整体素质，才能真正有效地推动农地流转。

提升农民的话语权。农地转出方是农地供给主体，同时也是权利主体。但在实际的农地承包经营权流转中，农户农地流转主体的意识淡薄，再加上农户的文化素质及对国家农地流转政策的认知不够，致使影响决策的能力不足，往往以被动执行者的身份参与流转，流转权益难以保障。加大农民的参与程度，要尊重农民的话语权。考虑到单个农民的行为认知、参与能力不足，可以考虑组建和完善农民土地合作社或者农民自治组织，这样农民的意愿表达、诉求和决策经由农民组织进行表达和传递，强化农民的参与程度，提升农民在农地流转或土地市场交易中的谈判能力，确保土地增值收益权利得以实现。

推动公平而自愿的农地流转。公平，即同等条件下赋予农地流转相关利益主体同等权利。家庭承包经营制度在设计之初，按照人头和农地的好坏搭配均分农地确保了农地分配的起点公平，而且国家的政策、法律法规对同一集体经济组织内部的农户一视同仁，农地分配做到了规则公平。但是这种公平并不全面，它只保证了农地分配的公平性，并没有赋予农户在市场交易中同其他非农经济主体同等交易权利。农民是弱势群体在当下是不争的事实，为实现农地的规模经营，有的地方政府要求农民“以农地换社保”，这种不公平的做法违背了国家农地承包经营权流转的初衷。农地承包经营权流转要保证公平，首先要给予农民政治权力上的平等，保证农民享有平等的民事、产权和交易主体的权力。

农地流转中，流转主体是农民，农民的流转意愿及其行为影响着农地流转效率。那么，农地流转须尊重农民意愿，流转不能假借民意、越俎代庖，农民行使农地承包经营权越完全、越自主，农地流转越充分、越有效率，流转双方越互利，越能最大化合作剩余。也就是说，当农民经营能力不足，资源配置改善空间有限，其自主自愿的将承包经营权流转给具有经营能力的组织和农民，实现合作剩余的同时又改善了农地资源配置效率。农民自主自愿流转农地承包经营权，不仅能够实现合作剩余、提高资源配置，同时也能维护农地财产权益的实现。农地经营权流转要尊重农民意愿，不得硬性下指标、强制推动①。

二、构建农地转入方的扶持和监督机制

农地流转是一个复杂的过程，在实际流转过程中因流转政策的不完善与不规范等原因阻碍农地转入方转入土地，或转入农地的农户出现投资不积极或盲目投

① 2015年中央一号文件。

资的现象，直接影响到对农地资源的合理利用及农地的增产增收，构建对农地转入方的扶持和监督机制尤为重要。

提供金融与保险支持。农户存在很强的从众心理，思想较为保守，应制定合理的农地流转诱导性政策，放宽农业贷款，可以通过减税贴息的方式，制定相应的激励政策，简化贷款手续为农地转入种养大户流转农地所需资金。鼓励包括银行在内的各种金融机构（农村资金互助社、村镇银行等）为农地转入方发放贷款，支持村委会为农地转入方提供贷款担保；农业生产有很大的不确定性，应为农地转入户、大宗农产品生产和农机具等提供保险，并适当提高保费补贴比例、提高保额标准。

积极推进农业补贴。各地政府要考虑划拨一定比例的农业发展基金，作为补贴农地流转中农地转入方的专项补贴资金，进一步加大财政补贴扶持力度；为农地转入方提供农业设备补贴，为农机具的购买提供便利条件。

建立健全针对不同农地转入主体的支持政策体系，对农民专业合作社和种养大户，应多给予生产性支持，收入补贴不宜直接供给；而对于传统家庭承包农户，应将补贴重点放在增加收入补贴，而非生产性支持。

建立适当的监督机制，保证农地转入方的土地用途，针对“非粮化”经营倾向，应给予适当惩罚，规范农地流转合同的内容和形式，明确农地流转双方的权利和义务；制定合理的流转期限，鼓励农户增加农地转入规模，并给予资金支持；加强对新技术的宣传、讲解示范与推广力度。

三、强化中介组织服务职能

在农地流转过程中，政府的过多参与，会损害到农户的利益，但农村信用合作社、农户合作协会、土地银行等中介组织参与到土地流转的过程中，会使得各方利益更加均衡。政府可以在政策上给予中介组织支持，降低中介组织成立的条件，给予财政补贴、税收和贷款优惠等。针对流转中出现的问题，需要中介组织出面进行协调，这也要求中介组织提高解决问题的效率，熟悉土地流转的相关业务，对中介组织的从业人员应加强培训，培养积极主动的服务意识，全方面提高从业人员的综合素质，提高从业门槛，须考取相关职业证书才能给上岗，强化社会服务职能并加强监督。此外，各地政府应制定吸引农地流转专业人才加入中介组织的鼓励措施，例如规定服务期限，提高福利待遇等。

农地流转中介组织应为农地流转构建信息平台，可以汇聚大量有关农地流转的信息，根据转入转出双方的需求，包括所需的地块位置、地块大小等进行流转，打破地域界限，使得流转的开放程度扩大，便于农地的整合，农户转入大面积的农地后，往往会加大设备和优良品种的投入，使监管更为方便。

四、完善中央政府的有效制度供给

尽快修改并完善现行法律法规。地方的摸索实践、国家的政策导向，与现行的法律法规在有些方面表现出滞后性或冲突性，如赋予农民更多财产权利①，土地作为农民的资源性资产，其承包经营权具有入股、抵押、继承等权能，各地纷纷就农地经营权抵押进行实践探索②，而《中华人民共和国担保法》(2000 年)、《中华人民共和国土地管理法》(2004 年)、《中华人民共和国农村土地承包法》(2003 年)规定农地承包经营权仅限于农业用途，不能将其用于抵押或进行交易;2014 年中央一号文件提出稳定农地承包权，放活经营权，并允许经营权抵押融资，与《中华人民共和国物权法》(2007 年)的物权法定原则相违背，该法只赋予了家庭和商业型土地承包经营权，并未对承包权和经营权进行物权确定，其法律地位的确定需完善相应法律法规，才能为“两权”功能的发挥提供保障，尽快修改并完善现行法律法规的相应规定及出台相应的政策措施非常必要。农地承包经营权顺利流转的关键是农地确权，而当前确权面临制度瓶颈，虚置的农地集体所有权“坐实”、村集体留存还是解构、农地的个人权利和财产权利的冲突化解等都需要相关法律法规的完善，实现农地立法和政策衔接，确保农地流转有法有据，力图实现实践探索、政策推动和法律法规的有机统一。

确保农地确权、还权赋能落实到位。确权(产权清晰、明确界定)是产权制度有效安排的基本前提，是农地资源有效配置的关键，是赋予农民完整的农地承包经营权。农地只有确权，才能赋予农民权利，继而实现农地扩权赋能，在稳定承包权的基础上，进而盘活经营权，实现土地的规模经营。农地确权应做到以下几个方面:

①明确界定产权主体。农地的所有权应由原来模糊的农村集体经济组织明确为事实的所有权主体——村合作经济组织或村民小组[124]。

②明确界定农地承包经营权。按照现行的《土地承包法》，农民承包的农地是基于集体经济组织的成员权获得，那么农户可以根据其成员权获得农地承包经营权。承包农户进一步可以把其拥有的经营权界定给实际经营的农户或农业企业等。

③明确界定权利范围。如承包期限的确定，“四至”确权的界定、农地权利份额的界定等。

④明确界定产权内容。依法落实农户享有农地承包经营权、收益权、处置权等

① 2013 年 11 月 12 日十八届三中全会通过的《中共中央关于全面深化改革若干重大问题的决定》提出赋予农民更多财产权利，推进城乡要素平等交换和公共资源均衡配置。

② 宁夏同心的“同心模式”:农户 + 政府部门 + 金融机构;福建明溪的“明溪模式”:农户 + 合作社 + 金融机构等，全国已有 20 多个省进行了农地经营权抵押试点。

各项权利，明确产权对象，即承包地的确定，明确产权权利人，一权一主[125]。在确权方式的选择上，应做到符合区域经济发展实际，确保农民权益得到切实保障。

农地确权颁证是“还权赋能”的前提。产权明晰界定，才能将归属于农民的权利赋予农民，这样农民才能自主决定农地的使用、转让、处置等权利。“赋能”就是赋予农民自主行使其权利的能力，体现在经营权赋能上，则包括承包农户在其承包地上进行农业生产的能力、获取经营收益、再行转让、设定抵押担保能力等[126]。尤其是赋予农地财产性权能，可以促进农地的资本化运作，提升农地的交易效率。农地财产性赋权，能突破农地仅作为生产要素的局限，从而进行农地的财产性资本配置，实现市场交易而不是“人情”交易；财产性赋权，能打破农民对农地的过度依赖，降低农地经营收入，增加非农经营收入、工资性收入等，进而实现农地流转，实现规模经营。另外，财产性赋权便于农地资本化的开展，比如，农户经营权抵押融资能够实现农地与资本、企业家能力以及各经营主体行为能力的有效结合，便于农地的集中和农地经营规模的扩大，实现农民的财产性收入。可见，“还权赋能”“还权”是基础，“赋能”则更具弹性，这才是推动农户农地流转行为的重点和关键所在。

保证农地承包经营权的稳定性。农地承包权的稳定、明晰，便于农地财产性收入的实现，同时稳定了非农经经营主体的投资预期，农业生产被注入了优势的资金、技术等，利于资源的深化、优化配置，实现农业经济和农业现代化的的快速发展。农地确权颁证，界定了农地产权；还权赋能则将农民权利还付且赋予农民农地自主决定权。成都在全国率先基本完成农地的确权颁证，实现了还权赋能，辅以耕地保护基金的设置、市场交易平台的建立等，按理说，应该能够实现农地大规模流转效益，但实际并非如此，规模化经营也并未在全国普及开展。问题出在哪儿呢？主要原因之一是农地承包经营期限未明确并固化，农民缺乏经营期限的判定，削弱了农民的中长期农地投资。从 1998 年十五届三中全会开始，国家在政策、法律、法规等方面陆续明确承包经营期限进一步延长至长久不变。长久不变，即现有农地承包所形成的全部权利义务关系长久不变[127]，这既包括稳定现有的农地承包关系，又包含农地承包期限更长直至永久不变，更渗透着赋予农民保障充分的农地承包经营权。农地的确权颁证要明确农地的经营期限为“永久使用”，固化的农地承包经营期限便于增加农民的投资预期，保护农地权益，有利于农地的效率流转和集中，优化农地资源配置效率。稳定的农地承包权是经营权抵押功能实现的保障，农地抵押的是有限的农地经营权，到期即使不能清偿债务，金融机构等也不能以承包权替代，经营权到期就会实现权利复归，农地承包权负载的社会保障功能得以延续。

五、强化地方政府的公共服务职能

农村公共服务是以一定的社会共识为基础，为维持社会的稳定和正义，在充分考虑各种约束条件的情况下所提供的公共服务以保护农村居民最基本的生存权和发展权。各级政府应强化公共服务职能，为农村公共产品和服务进行维护和管理。公共产品和服务包括街道、电网、通讯、交通等基础设施，教育、医疗、文化、社会保障体系和环境治理等方面。农地承包经营权的流转势必需要有健全的农村公共服务体系做支撑，各级地方政府应加大对公共产品和服务的建设，提高流转效率，克服风险。

各级地方政府应在政策上进行积极引导，尊重农户意愿，坚持自主原则，充分征求农户意见，制定农村基础设施建设规划，因地制宜，突出重点，加大宣传力度，营造全社会重视农村基础设施建设的氛围，探索长效管护机制。

各级政府应多渠道筹措资金，加大财政投入，建立长期稳定的农村基础设施建设的资金来源渠道，运用多种激励手段，例如税收优惠、财政贴息等；积极吸收社会资本参与建设，给予公共设施冠名权。

地方政府应引导建立以专业协会为主体、以土地服务部门为依托的农地流转中介机构，发挥其中介作用，并与行政脱钩，依托相关农业信息网络建立农地流转数据库，定期公开土地流转信息，开展政策咨询，加强引导和服务，避免出现结构性无地可耕的情况，使有转出农地意愿的农户能尽快将经营权转移给有需要并有能力耕种的农户或组织，以加快农地流转的效率。

在地方政府的领导下，建立市、县、乡各级农地流转服务机构，负责本地区范围内的农地流转登记管理的工作。应规范农地流转的交易行为和程序，制定相关交易规则。首先进行协商，农地流转转入方和转出方就流转事项达成共识；接下来审查，农地流转服务机构对受让方进行审查，规定一定的农地面积（例如200亩），若大于200亩，须由两级农地流转服务机构进行审查，若跨县域或者规模更大，由市、县、乡三级农地流转服务机构联合审查，包括资质审查（法人资格、资金实力、注册地址、技术水平、履约能力等）和项目审查（是否符合相关的产业政策、法律法规、经营风险等）；之后发布信息，组织进行交易，在农地流转服务机构的监督下，按合同要约签订规范的农地承包流转合同，并出具鉴证书，此合同必须在农地流转服务机构备案，由农地流转服务机构统一进行归档管理。

同时应健全完善农地流转纠纷仲裁实施机制。流转双方因农地流转发生纠纷，可自行协商解决或申请由乡镇级的农地流转服务机构或村委会进行调节，若协商不成，可申请由市、县两级农地流转纠纷仲裁机构解决或向法院起诉，若向法院起诉则不能申请进行仲裁。

第二节　完善相关配套制度的对策建议

一、落实户籍制度改革方案

户籍制度改革不是一纸户籍的简单改革，而是要赋予公民身份，完善和户籍相关的医疗、社保等公共福利政策，基本公共服务实现对等化，确保农地流转农民平等参与社会经济活动。

（一）提高户籍人口城镇化率

利用户籍制度控制居民流动的工具已不符合目前经济发展态势和社会现实，全面实施居住证制度，逐步推行积分落户制度，实现农民的逐步市民化和基本公共服务常住人口全覆盖，提高户籍人口城镇化率。强化重点群体和重点地区的落户政策，重点群体包括居家迁移的农村家庭、升学和参军入城及在城镇就业或居住的常住（居住时间5年以上）人口要逐步盘查、逐一落实落户政策；而对重点区域比如大城市和中东部地区，农民自愿是前提，城市定位和落户条件则是关键，不断提升建制镇和中、小城市的吸引力和承载力，逐步分散大城市的居住压力。这样，既保证了户籍人口城镇化率，又赋予市场良好的经济秩序和平等的市场经济主体参与（交易或契约签订）。市民化的农民流转其农地，才能实现农地集中，开展规模经营。但是流转农地应尊重农民的意愿，不能强行农民放弃农地，流转价格的确定应进行市场化评估，逐渐实现户籍和土地的关系剥离，公民同享国民待遇，不仅是户籍制度改革之关键，更是农地承包经营权创新的关键。

（二）户籍制度改革渐行推广

无户籍管制的约束，农民有选择进入大城市和小城镇的自由，政府应在中小城市、小城镇的产业发展、公共设施建设、教育资源的分配等方面给予扶持，再加上生活、居住成本的考虑，这样才能实现大城市、中小城市和小城镇的人员分流，减少大城市涌入的压力。城镇化必须结合中国国情、农业发展实际和工业化、机械化、信息化发展速度等，不可一蹴而就，不可激进，应渐进推行，改革不能以牺牲成本为代价，应促进城乡各要素的自由流动，实现市场化农地配置，不可以政令强制推行，要化解城市偏向户籍制度下累积的经济、社会矛盾、利益冲突是一长期过程。我国地域广阔，户籍制度改革的区域差别较大，需要分地、分类、分时解决，户籍制度改革需渐进推广，不可盲目冒进，谨防“拉美陷阱”风险。

（三）户籍制度改革应建农民返乡机制

农民城市就业同农地流转一样，是否返乡或农地流转都必须尊重农民意愿。客观来说，面对多样化的社会、经济、文化等环境的冲击，农民城市就业仍存在许多风险和不确定性,一旦创业或就业失败,若无返乡退出机制保障,农民重回土地上,经济、社会关系网络、教育等城乡的资源比较,进而激发社会矛盾。户籍制度改革其实是身份的改革,而农民的身份直接和农地有关,进而又和农地流转制度创新相互牵制、互为促进。农民城市就业,关乎农地的处理以及农地权益的分配、返乡机制的配套等,确保降低农民城市就业风险,所以,制度细节设计尤为重要。

二、建立城乡统一的劳动力市场

劳动力市场的完善程度直接影响农村劳动力的吸纳水平。我国当前农村劳动力结构性矛盾突出,农村劳动力市场不健全,使得一些素质低下的农村劳动力难以适应城市的多元化发展。即使农地流转步伐的加快“析出”更多的农村劳动力,若他们不能适时、有效转移,就会对农地承包经营权流转产生负面影响或难以释放农地流转产生的经济、社会或政治绩效,可能导致社会矛盾的发生。

建立健全城乡统一的劳动力市场,强化农村劳动力的就业技能培训、完备供求信息、完善就业机制等,切实推进农村劳动力的有效转移,解放农地并促进农地集中,释放并提高农地流转绩效。就业技能的提升离不开农村劳动力就业培训的开展。细分劳动力就业结构,根据就业方向调整培训规划、内容,注重针对性和实效性;整合教育资源,学校、社会联动,使职业技能培训凸显层次化、多样化和精英化;特别强化精英培训,对一些初、高中毕业生、退伍军人及就业意愿强烈的劳动力提供技术含量、回报率较高以及就业前景光明、市场环境开阔的专业技能培训,提高其社会竞争力、自主参与能力和创新创业能力。

健全农村劳动力就业服务和市场管理体系。实现农村劳动力有序、有效的转移并非易事,前期劳动力资源的就业意愿调查、中间就业信息发布、培新信息的提供以及组织培训再到劳动力输出、后期就业农民权益的维护和保障都要求政府相关部门进行管理并提供相应服务。

建立健全城乡统一的劳动力市场体系,实行劳动力就业、事业、用工管理制度的城乡统一,借助于国家发展现代农业、互联网+发展契机,大力发展劳动力城市转移的信息、培训、保障等一体的社会化服务。

三、完善社会保障制度

农地流转和社会保障制度的关系是鱼水关系,两者互为支撑,相互促进。弱化农地保障功能,实现人地松绑,增加农地流转有效供需,切实推动城乡各要素的自由流动,才能实现农地承包经营权流转顺利。

(一)提升农民工的社会保障

栖身于城市的农民工能否真正融入其中是城乡统筹发展的关键,同时也是推动农地流转行为的关键。带有歧视字眼的“农民工”一度为城市经济社会的发展供给了廉价的劳动力，然而并未获得城乡同等的福利待遇。低成本的劳动供给在工业化积累初期虽不是一种最有效制度安排，但起码是一种以社会保障换取工业资本积累、规避失业风险，化解社会矛盾的过渡安排。农地对于农户而言，在理论上有生产要素、社会保障以及财产功能，但从迥异的农户家庭(成员结构、收入结构)、区域经济发展状态、资源的自然分布状态等来讲，农户对于农地功能强度的依赖程度不同。进城拥有稳定职业的农民工，可以说已经有了稳定的收入，这种收入是农民工基本生存保障的替代，这种收入弱化了农民工对农地的依赖，甚至他们对农地不存眷恋。但这并不意味着就业保障功能替代会引起农地经营权的流转，他们之间或有相关关系，但不正相关。生存、就业的满足已不是农民工放弃农地的理由，更高层次的社会福利给予，即给予其国民待遇，也就是在养老、医疗、就业、教育等方面城乡居民同享无差别待遇，看似简单的“平等”才可能让农民工选择放弃或流转土地经营，实现城市有效转移，这样农地才可能被释放有流转的可能。

(二)稳定资金来源，逐步完善社会保障

社会保障属于公共服务的范畴，资金按理说应由国家财政资金全额支付。但目前国家社会保障体系尤其是农村社会保障体系并不健全，国家可以给予一定启动资金，可深化农村改革，促进城乡要素自由流动，实现经济繁荣发展以此增加税收，利用制度红利资金注资农村社会保障；也可进行农地经营权抵押、入股等分享农地流转效益，发展农村社区保障资金；还可以发行农村社会保障专用国债，提升农村社会保障水平。

就目前经济社会发展水平来看，国民同享统一的社会保障条件并不具备。应根据农民工就业情况，分类、分层次安排，逐步纳入社保体系中去。城市稳定就业的农民工，已经和城市融入一体，可以将其纳入到城镇社保体系中；虽已进城，但流动性能较大，已具备社会保险的参保条件，可以在缴纳保费的形式上进行变革，采取先受益后缴费的形式，以此带动农村社会保障制度改革，让农民工品尝到社保参保的甜头，甘愿放弃对农地的依赖，真正融入城市生活。此外，还要确保基本养老保险、医疗保险的异地衔接无障碍，基本养老保障和社会保险接力，真正提升农民工的社会保障，让农民无后顾之忧脱离或流转农地，切实推进农地流转的步伐。

四、健全农地金融制度

农地金融是以农地某些可供抵押的产权作为信用担保的凭证向金融机构或其他融资机构获取资金的行为关系，其核心是农地可供抵押的产权，目的是启动农地利用资金，促进农地财产性功能的发挥。

农地的自然属性决定了农地经营期限不固定、投资风险大、回收慢，再加上农业比较效益较低、理想抵押产品缺乏、农地产权抵押法律的空白导致农地融资困难，资金缺乏已成为农地扩大经营规模，发展现代农业的瓶颈。解决农地融资难、规避投资风险需要我们建立健全农地金融制度。

可以从以下几个方面考虑:一是强化国家政策性银行的金融支持。借助于国家财政资金、金融优惠政策扶持或者政策性银行委托农地金融机构(如各省农商银行、中国农业银行等)负责贷款的审批、发放、管理、监督,确保农民即时资金的同时,减少银行贷款风险和成本支出;二是建立农地抵押制度。农地是农民资源性财产,但囿于当前农地经营权抵押法律空白,虽然国家政策强力支持,但一些金融机构担心抵押权限约束,农民无力偿还资金,农地抵押贷款开展艰难而缓慢。针对这种情况,可以采取农地经营权+金融机构+农业保险模式,即农户若用农地经营权进行抵押贷款,须办理农地贷款保险,这样即使农户无力偿还,金融机构还可以获得保险赔偿;还可以农民成立互助担保组织,募集担保基金,为农户向金融机构进行贷款进行担保等,解决金融机构的后顾之忧;三是发展农地信托资金。农地确权办证后,稳定的农地承包经营权能够实现农地经营权作为信托资产和金融机构相结合,获取信托资金,扩大农业生产经营规模。四是国家给予支农金融机构税收优惠,法定存款准备金率的适当降低等可以在一定程度上激励金融机构对农民的资金支持,缓解农村经营资金匮乏对农业生产经营的压力,便于农地集中和规模经营,为农地承包经营权流转提供了资金支持动力。

第三节 小　　结

为规范和协调农地流转主体行为,本章从农地转出方、农地转入方、中介组织、中央政府和地方政府等构建激励机制,同时对户籍制度、就业制度、社会保障制度和农地金融制度等四个相关配套政策进行完善和优化。

第八章 结 论

一、农地流转主体行为是农地流转顺利推进的关键

农地流转的问题,归根结底确是相关利益主体基于自身效用最大化进行利益博弈选择的问题。农地流转相关利益主体基于不同的利益目标选择自己的行为:

(1)农地转出方希望流转报酬不低于自己耕种收益;农地转入方转入农地的报酬不低于社会平均利润时,转入方才会转入农地;基层政府希望干预成本最小;中央政府则希望降低监督成本。

(2)转出方和转入方对预期收益的追求则不同,流转策略也不同。农户个体之间的流转,转出方基于自身耕种收益作为考量标准,而转入方则不低于社会平均利润;农户与规模经营主体间流转,除了自身耕种收益,流转双方还希望分享规模化收益。

(3)农地转出方和转入方流转农地的交易成本越低,预期收益越高,流转双方的参与度越高。

(4)农地转出方和转入方出于自身经济理性的考虑,在博弈时容易出现"囚徒困境"。中介组织的参与,除了提供信息交流的平台,减少交易成本,同时履行监督职能,提升交易双方合作的概率。

二、农地流转主体行为是外部因素和内部因素共同作用的结果

农地流转主体行为同外部环境关系密切。影响农地流转的外部因素有制度因素、经济因素、社会因素和农业生产因素,而内部因素则是基于流转主体(直接主体即农地转出方和农地转入方)的影响因素,与主体的自身条件关系密切,主要有受教育水平、家庭劳动力数量、年龄、性别等。根据专家打分法,认为制度因素、经济因素、社会因素、农业生产因素、农民个体因素的影响程度依次降低,结合层析分析法,对所有影响农地流转主体行为的影响因素的重要程度进行排序,发现排位居前的家庭劳动力比例、受教育程度、农地流转直接费用指数等是与农民关系密切的因素。结合三省四市的农户样本数据,选取与农民关系密切的重要影响因素,利用Logistic 分析方法分析了农户农地转出行为的意愿,研究结论表明,影响农户农地转出意愿的显著性因素有 5 个,其显著性是家庭非农收入、户主文化程度、户主年

龄、家庭兼业人数、家庭农用机械数量等逐渐减弱。此外，对样本数据进行分析时发现，我国农户农地流转存在流转率整体较高，但发育程度滞后，未来农地转出意愿不强等问题。

三、优化农地流转主体行为需要行为激励机制和完善的相关配套政策

农地流转利益主体行为的优化需要相关激励机制推动，同时还需要相关配套制度的保障。本书从构建农地转出方的激励机制、构建农地转入方的扶持和监督机制、强化中介组织服务职能、完善中央政府的有效制度供给和强化地方政府的公共服务职能对农地流转相关利益主体行为选择进行激励，又从落实户籍制度改革方案、建立城乡统一的劳动力市场、完善社会保障制度和健全农地金融制度对农地流转相关利益主体行为选择提供制度保障。

有待深入研究的问题：

本书对农地承包经营权流转利益主体行为选择的研究，虽然取得了一定研究成果，但是限于理论和实践的局限性，有一些问题有待进一步深入研究。

(1)关于农地流转利益主体行为的影响因素分析，由于影响因素众多，本书只是尝试从宏观因素(制度、经济、社会、农业生产等)和微观因素对农地承包经营权利益主体行为的影响进行实证分析，但鉴于可获得数据有限性和评价指标的相关程度大小无法客观确定，分析带有主观局限性。已有的研究多从微观角度对某一区域农地流转进行分析，采用一套合理的评价指标体系对农地流转的外部因素和内部因素进行定量分析有待进一步探讨。

(2)农地流转相关利益主体博弈分析，本书从政府(包括中央政府和地方政府)、农地转出方和农地转入方、中介组织之间的利益博弈进行了分析，不同主体间可获利益不同，决策行为亦不同。可获利益的大小由于各主体评价标准不同而不同，其对农地流转有无影响及影响程度如何衡量，这个问题也有待深入探讨。

(3)农地流转利益主体流转行为是否得当谁来监督？监督者的身份若是乡镇政府、农村集体经济组织，作为被监督的地方政府行使权利的公信力多大？其“败德行为”如何约束都有待进一步研究。

附录　农村土地流转主体行为选择调查问卷

您好！我们是东北农业大学课题组成员，为了获取真实有效的农地流转信息，及时了解农村土地流转主体行为的整体情况，对此开展相应的科学研究，我们将对您进行社会调研，保证为您保守秘密，调研的信息只用于科学研究。谢谢您在百忙之中对我们的支持和理解！

一、农户的基本情况

1. 您的性别：　□男　□女

2. 您的年龄：　□18～25岁　□25岁～30岁　5□35～40岁　□45～55岁　□55岁以上

3. 您的受教育程度：□初中及以下　□高中　□中专　□本科以上

4. 您家人口总数(　)人，主要劳动力(　)人，外出就业有(　)人。

5. 家庭主要的收入来源(　)。

6. 您家有(　)亩耕地，经营年限(　)年，现耕作(　)亩，转入(　)亩，转出(　)亩。

7. 种田成本(每亩)大概为(　)元，收益(每亩)大约有(　)元。

二、农地流转情况

8. 您对国家的土地流转政策的了解程度？

□不了解　□了解一点　□很了解

9. 您通过哪些途径了解国家的土地流转政策？

□电视　□报纸

□村委会通过板报的形式定期宣传　□其他

10. 您有没有农地转出或转入的意愿？

□流入意愿特别强烈　□流入意愿比较强烈

□流出意愿特别强烈　□流出意愿比较强烈

□没有流入意愿　□没有流出意愿

11. 您家的土地是从(　)转入的,转入(　)亩。

□亲戚朋友　□同村其他人　□外村

□村集体　□其他

12. 您转入农地的主要原因是(　)(可多选)。

□有多余的劳动力　□靠亲戚朋友帮忙

□增加收入　□其他

13. 您家转入农地的用途是(　)。

□种植粮食作物　□种植经济作物　□其他

14. 您希望转入但没转入的原因?(可多选)

□没有好的投资项目　□转入价格太高

□没人愿意转出土地　□转入程序太麻烦

□其他

15. 您家转出农地的对象是(　),转出(　)亩。

□亲戚朋友　□同村人　□外村人

□粮食专业大户　□农民专业合作社　□其他

16. 您转出农地的原因是什么?(可多选)

□缺乏劳动力　□粮食种植效益低　□转出耕地比自己种植收益高

□自己种地太辛苦　□其他

17. 您希望转出但没转出的原因?(可多选)

□没人愿意转入　□转入价格太高

□担心转出后土地质量下降,收入没保障

□等待集体安排　□担心转出后难以收回□其他

18. 您农地转让后靠什么生活?(可多选)

□剩余的土地　□畜牧养殖　□在村里做小生意

□在村里担任工作,有收入　□外出打工　□其他

19. 您通过什么方式进行的农地流转?

□自发　□村委会引导　□村委会强制

□流转对象上门洽谈　□其他

20. 您在农地流转中,政府有干预吗?

□有干预　□没有干预

21. 您的耕地流转形式是什么?

□转包　□出租　□互换

□转让　□抵押　□入股　□其他

22. 你转入(出)农地的期限是否讲好?

□没有　　□讲好期限　　□讲好租期不定

23. 你转入(出)土地期限为(　)年。

□1 年及以下　　□1 ~3 年　　□3 ~5 年

□5 ~10 年　　□10 年以上

24. 流转租金的形式为(　)。

□粮食交换　　□现金　　□其他

□什么也不收

25. 你认为农地流转有签订合同的必要吗?

□没有必要,都乡里乡亲的都是熟人,不会坑人

□有必要,出了问题有依据

□没有必要,若有矛盾或纠纷,找村干部就可以解决

□有必要,白纸黑字最可信

26. 在农地流转中是否发生过矛盾或者纠纷?

□发生过　　□没有

27. 若有,什么原因造成的?

□没有签订合同　　□合同条款不合法　　□合同条款有漏洞

□合同当事人违约　　□其他

28. 当地解决农地流转矛盾或纠纷的有哪些途径?

□当事人自行协商　　□找村里权威人士调解

□中介组织调解　　□村委会或乡、镇政府等出面调解

29. 当地的中介组织有哪些?

□合作社　　□村委会　　□农民成立的自发组织

30. 当地进行农地流转时有没有改变农地的用途的?

□有　　□没有　　□不知道

31. 您所在村(乡、镇)有哪些社会保障政策?

□新型合作医疗　　□最低养老保障　　□其他

32. 您未参与农地流转的原因是什么？未来农地流转的预期如何？你认为哪些因素会促使您参与农地流转？

33. 您认为当前农地流转最大的问题是什么？希望政府和相关部门做什么？

参考文献

[1] Futian Q, Nico H, Wanmao W. Land administration reform in China: its impact on land allocation and economic development [J]. Land Use Policy, 1995, 12 (3):193 – 203.

[2] Hu W. Household land tenure reform in China: Its impact on farming land use and agro – environment [J]. Land Use Policy, 1997, 14(3):175 – 186.

[3] James Kai-sing Kung. Common property rights and land reallocations in rural China: evidence from a village survey [J]. World Development, 2000, 28 (4):701 – 719.

[4] Alchian A, Demsetz H. The property rights paradigm [J]. Journal of Economic History, 1973, 33 (1):16 – 27.

[5] Basu A K. Oligopsonistic landlord, segmented labour markets, and the persistence of tier-labour contracted [J]. American Agricultural Economics Association, 2002 (2):438 – 453.

[6] Dong X Y. Two-tier land tenure system and sustained economic growth in post – 1978 rural China [J]. World Development, 1996, 24(5):915 – 928.

[7] Vikas R. Agrarian reform and land markets: A study of land transaction in two villages of west Bengal, 1995—1997 [J]. Economic Development and Cultural Change, 2001, 7(7):611 – 629.

[8] Wegren S K. Why rural Russians participate in the land market: socio-economic factors [J]. Post-communist Economics, 2003, 15(4):483 – 501.

[9] Wang J R, Gail L, Cramer E J. Production efficiency of Chinese agriculture evidence from rural household datas [J]. Agricultural Economics, 1996, (15):17 – 28.

[10] 速水佑次郎,拉坦.农业发展的国际分析[M].郭熙保,张进铭,译.北京:中国社会科学出版社,2000.

[11] Liu S, Carter M. R, Yao Y. Dimensions and diversity of property rights in rural China: dilemma on the road to further reform [J]. World Development, 1998, 26 (10):1789 – 1806.

[12] Besley T. Evidence from China [J]. Property Rights and Investment Incentives: Theory and Journal of Political Economy, 1995, 103 (5), 903 - 937.

[13] Elizabeth B, Chip S. Agricultural land fragmentation: the spatial effects of three land protection strategies in the Eastern United States [J]. Landscape and Urban Planning, 2002, 58: 255 - 268.

[14] Muth R R. Economic change and rural-urban land conversion [J]. Econometrica, 1961, 29(1): 1 - 23.

[15] Jin S Q, Klaus D. Land rental markets in the process of rural structural transformation: productivity and equity impacts from China [R]. Washington DC: World Bank Research Department, 2006.

[16] Bogaerts T, Williannison L R, Fendel E M. The roles of land administration in the aeeession of central European countries to the European Union [J]. Land Use Policy, 2002, 19(1): 29 - 46.

[17] Deininger K, Jin S. The potential of land rental markets in the process of economic development: evidence from China [J]. Journal of Development Economics, 2005, 78(1): 241 - 270.

[18] 舒尔茨. 改造传统农业[M]. 北京: 商务印书馆, 1987.

[19] Samuel S P. The rational peasant: the political economy of rural society in Vietnan [M]. California: University of California Press, 1979.

[20] 恰亚诺夫. 农民的经济组织[M]. 北京: 中央编译出版社, 1996.

[21] Scott, 程立显, 刘建. 农民的道义经济学: 东南亚的反叛与生存[M]. 南京: 译林出版社, 2001.

[22] Michael L. The theory of the optimizing peasant [J]. Journal of Development Studies, 1968.

[23] 西蒙, 杨栎. 现代决策理论的基石[M]. 徐立, 译. 北京: 北京经济学院出版社, 1989.

[24] 黄宗智. 华北的小农经济与社会变迁[M]. 北京: 中华书局, 1986.

[25] Stone G D, Flachs A, Diepenbrock C. Rhythms of the herd: long term dynamics in seed choice by Indian farmers [J]. Technology in Society, 2014, 36 (2): 26 - 38.

[26] Steve N S, Cheung. The theory of share tenan [C]. Chicaco: The University of Chicaco, 1969.

[27] Macmillan D C. An economic case for land reform [J]. Land Use Policy, 2000, 17: 49 - 57.

[28] Claudio F. Banking automation and productivity change: the Brazilian experience

[J]. World Development,1992,20(12):1769 - 1784.
[29] Eleonora M,Joshua M,Duke,et,al. Price repression in the Slovak agricultural land market [J]. Land Use Policy,2004(21) :59 - 69.
[30] Smithson,Simon. Financial reform in Japan institution deregulation entering critical phase [J]. East Asian Executive Reports,1991,2(15):13 - 18.
[31] 关谷俊. 日本的农地制度[M]. 北京:三联书店,2004.
[32] 王靖凯. 关于海南省农地流转中二维主体利益博弈研究[J]. 中国经贸导刊,2010(22):41.
[33] 尹涛. 农村生产用地流转中不同类型农户决策意愿博弈分析[J]. 国土资源科技管理,2013(5):63 - 67.
[34] 王辉. 农地承包经营权流转利益博弈问题研究[J]. 西安邮电学院学报,2009(4):132 - 135.
[35] 冯玲玲,邱道持,赵亚萍,等. 农地流转中二维主体的博弈研究[J]. 农村经济,2008(11):18 - 21.
[36] 李霄. 农村土地使用权流转的博弈分析[J]. 农业经济问题,2003(12):4 - 7.
[37] 刘振勇. 论农地流转博弈中农民权益的诉求与保障[J]. 经济问题,2011(12):79 - 81.
[38] 夏涛,谢德体. 引入中介组织的农地流转动态博弈分析[J]. 农机化研究,2012(6):230 - 235.
[39] 李中. 农村土地流转的博弈分析[J]. 湖南科技大学学报(社会科学版),2013,3(2):104 - 108.
[40] 于传岗. 历史演化视角下政府主导与农户主导型流转模式博弈探析[J]. 商业时代,2013(2):103 - 104.
[41] 刘贵清. 博弈视角下我国农村土地流转现状及创新路径探讨[J]. 商业经济研究,2015(11):37 - 40.
[42] 王颜齐,郭翔宇. "返租倒包"农地流转中农户博弈行为特征分析[J]. 农业经济问题,2010(5):34 - 44.
[43] 石冬梅,王健,许月明,等. 农村土地流转主体的成本——收益分析[J]. 广东农业科学,2013(3):211 - 213.
[44] 孟晓虹,石冬梅. 基于农村土地流转主体的劳动力资源及其利益研究[J]. 农业经济,2014(11):10 - 12.
[45] 吴百花. 土地流转过程中的多元主体博弈分析——关于义乌市土地流转的调查与思考[J]. 中共浙江省委党校学报,2009(2):115 - 119.
[46] 李启宇. 基于城乡统筹的农地流转利益主体博弈分析[J]. 农业经济,2011

(12):69 – 71.
[47] 韩耀. 中国农户生产行为研究[J]. 经济纵横,1995(5):29 – 33.
[48] 马鸿运. 中国农民经济行为研究[M]. 上海:上海人民出版社,1993.
[49] 史清华. 农户家庭经营非农化进程与历史研究[J]. 经济问题,2000(4):45 – 48.
[50] 郑风田. 制度变迁与中国农民经济行为[M]. 北京:中国农业科技出版社,2000.
[51] 林毅夫. 小农与经济理性[J]. 农村经济与社会,1988(3):31 – 33.
[52] 何蒲明,魏君英. 试论农户经营行为对农业可持续发展的影响[J]. 农业技术经济,2003(2):24 – 27.
[53] 王正环. 福建省农地流转后农户经营行为差异的实证分析[J]. 热带农业工程,2015,6(3):45 – 51.
[54] 钟涨宝,陈小伍,王绪朗,等. 有限理性与农地流转过程中的农户行为选择[J]. 华中科技大学学报(社会科学版),2007(6):113 – 118.
[55] 孔祥智. 现阶段中国农户经济行为的目标研究[J]. 农业技术经济,1998(2):24 – 27.
[56] 陈铭恩,温思美. 我国农户农业投资行为的再研究[J]. 农业技术经济,2004(2):24 – 27.
[57] 钟涨宝,汪萍. 农地流转过程中农户行为分析[J]. 农村观察,2003(6):55 – 64.
[58] 钱龙,洪名勇,龚丽娟,等. 差序格局、利益取向与农户土地流转契约选择[J]. 中国人口、资源与环境,2015,25(12):95 – 103.
[59] 叶剑平,蒋妍,丰雷. 中国农村土地流转市场的调查研究:基于 2005 年 17 省调查的分析和建议[J]. 中国农村观察,2006(4):48 – 55.
[60] 董志勇. 行为金融学[M]. 北京:北京大学出版社,2009.
[61] 杨卫中. 农村土地经营权流转中的农户羊群行为——来自浙江省嘉兴市农户的调查数据[J]. 中国农村观察,2015(4):38 – 51.
[62] 熊浪,陈白森. 基于行为经济学视角的农户农地流转行为分析[J]. 科技创新导报,2009(26):113 – 114.
[63] 王守智. 农村土地流转中的地方政府、农民与中介组织[J]. 北京工业大学学报(社会科学版),2010,6(3):13 – 18.
[64] 赵建森. 农地流转中政府的行为现状考查及角色定位[J]. 农业经济,2015(1):21 – 24.
[65] 刘双良. 集体土地流转中的政府角色检讨与定位思考[J]. 甘肃社会科学,2010(4):74 – 77.

[66] 郎佩娟. 农村土地流转中的深层问题与政府行为[J]. 国家行政学院学报，2010(1):28-32.

[67] 陈丽华. 农地承包经营权流转中的地方政府行为[J]. 中共中央党校学报，2010,12(6):50-53.

[68] 潘佩佩. 农地流转过程中地方政府和农民的利益分析[J]. 中国集体经济. 新农村建设，2009(6):7-8.

[69] 李鹏，王文昌，王秦俊. 农地流转中政府行为失范的成因及对策探究[J]. 山西农业大学学报(社会科学版)，2010(3):265-267.

[70] 伍振军，张云华，孔祥智. 交易费用、政府行为和模式比较:中国土地承包经营权流转实证研究[J]. 中国软科学，2011(4):175-183.

[71] 郭晓鸣，韩立达，王静. 农地承包经营权流转中的政府行为——基于成都市的分析视角[J]. 农村经济，2010(12):5-8.

[72] 曾红萍. 地方政府行为与农地集中流转——兼论资本下乡的后果[J]. 北京社会科学，2015(3):22-29.

[73] 宋辉，钟涨宝. 农地流转地方政府行为选择机理及路径探究——基于成本收益视角[J]. 管理现代化，2013(6):43-45.

[74] 文小才. 促进农地流转的地方政府财政政策研究[J]. 财政研究，2014(4):58-61.

[75] 王守智. 农村土地流转中的地方政府、农民与中介组织[J]. 北京工业大学学报(社会科学版)，2010,6(3):13-19.

[76] 钟涨宝，狄金华. 中介组织在土地流转中的地位和作用[J]. 农村经济，2005(3):35-37.

[77] 刘政坤，强昌文. 农村土地流转中介组织探讨[J]. 理论建设，2009(4):58-61.

[78] 王志章，兰剑. 农村土地流转中介组织相关问题研究[J]. 科学决策，2010(3):43-50.

[79] 陈姝洁，马贤磊，陆凤平，等. 中介组织作用对农户农地流转决策的影响——基于经济发达地区的实证研究[J]. 中国土地科学，2015,11(11):48-55.

[80] 杨展. 土地流转中的中介组织:非合作博弈框架下的分析[J]. 世界经济情况，2006(2):30-32.

[81] 钱文荣. 农地市场化流转中的政府功能探析[J]. 浙江大学学报(人文社会科学版)，2003,9(5):154-160.

[82] 何国俊，徐冲. 城郊农户土地流转意愿分析——基于北京郊区6村的实证研究[J]. 经济科学，2007(5):111-124.

[83] 刘洋,刘慧君. 农村土地流转主体决策模型分析[J]. 商业现代化,2009(11):102-103.

[84] 候石安. 初始禀赋差异、农业补贴与农地流转选择——全国8省30村的微观实证分析[J]. 中国农业科学,2012,45(21):4508-4516.

[85] 钟文晶. 禀赋效应、认知幻觉与交易费用[J]. 南方经济,2013(3):13-22.

[86] 郜亮亮,黄季焜,冀县卿. 村级流转管制对农地流转的影响及其变迁[J]. 中国农村经济,2014(12):18-29.

[87] 聂建亮,钟涨宝. 保障功能替代与农民对农地转出的响应[J]. 中国人口、资源与环境,2015(1):103-111.

[88] 冀县卿,钱忠好,葛轶凡. 交易费用、农地流转与新一轮农地制度改革——基于苏、桂、鄂、黑四省区农户调查数据的分析[J]. 江海学刊,2015(2):83-89.

[89] 王兴稳,钱忠好. 教育能促进农地承包经营权流转吗——基于江苏、湖北、广西、黑龙江4省1120户农户的调查数据[J]. 农业技术经济,2015(1):11-21.

[90] 马贤磊,仇童伟,钱忠好. 农地产权安全性与农地流转市场的农户参与——基于江苏、湖北、广西、黑龙江四省(区)调查的实证分析[J]. 中国农村经济,2015(2):22-37.

[91] 蒋永甫,徐蕾. 农户农地流转意愿:一种农地价值的视角[J]. 学习论坛,2015,6(31):30-34.

[92] 陈通,孙亚文,江雪莹,等. 风险认知、负面情绪与农地流转意愿抑制——以禀赋效应为中介[J]. 湖北农业科学,2014,11(21):5304-5309.

[93] 周晓唯,孙赟,王拓. 农村土地流转市场参与主体行为分析[J]. 西安电子科技大学学报(社会科学版),2010,5(3):61-66.

[94] 宋辉. 农地流转中农户、村委会、政府行为研究——基于襄阳市农户的实证调查[D]. 武汉:华中农业大学,2013.

[95] 李晓琳,韩喜平. 推进农村土地流转的四维动力机制[J]. 学术交流,2015,5(254):148-152.

[96] 蒋永甫,李松. 农地流转:政府的视角[J]. 宝鸡文理学院学报(社会科学版),2012,12(6):5-10.

[97] 赵宁. 农村土地流转的主体联动机制研究[J]. 商业经济研究,2015(6):99-102.

[98] 陆剑."二轮"承包背景下土地承包经营权制度的异化及其回归[J]. 法学,2014(3):96-97.

[99] 陈超,任大廷. 基于前景理论视角的农民土地流转行为决策分析[J]. 中国农业资源与区划,2011,4(2):18-21.

[100] 阿尔钦.财产权力与制度变迁:产权学派与新制度学派译文集[G].上海:上海人民出版社,2014:121.

[101] 舒尔茨.制度与人的经济价值的不断提高,科斯等著,刘守英等译.财产权利与制度变迁——产权学派与新制度学派译文集[G].上海:上海人民出版社,2014:176.

[102] 诺思.制度、制度变迁与经济绩效[M].上海:上海人民出版社,2014.

[103] 诺思.制度、制度变迁与经济绩效[M].上海:上海人民出版社,2014.

[104] 林毅夫.关于制度变迁的经济学理论:诱致性变迁与强制性变迁,财产权利与制度变迁——产权学派与新制度学派译文集[G].上海:上海人民出版社,2014:260.

[105] 何大安.行为经济学基础及其理论贡献评述[J].商业经济与管理,2004,12(12):4-10.

[106] 钟涨宝,陈小伍,王绪朗.有限理性与农地流转过程中的农户行为选择[J].华中科技大学学报(社会科学版),2007(6):113-118.

[107] 冒佩华,徐骥.农地制度、土地经营权流转与农民收入增长[J].管理世界,2015(5):63-74.

[108] 张红宇.论当前农地制度创新[J].经济与管理研究,2005(8):6-10.

[109] 郜亮亮,黄季焜,Rozelle,等.中国农地流转市场的发展及其对农户投资的影响[J].经济学,2011(7):1499-1514.

[110] 钱克明,彭廷军.关于现代农业经营主体的调研报告[J].农业经济问题,2013(6):4-7.

[111] 赵金龙.中国农地流转问题研究[M].北京:中国农业出版社,2014.

[112] 管新春.改革开放以来农村土地制度的变迁及其发展趋势[J].人民论坛,2013:216-217.

[113] 孔东菊.户籍改革背景下农村耕地流转:问题与应对——以安徽省为例[J].华南农业大学学报(社会科学版),2013,12(1):11-16.

[114] 江淑斌,苏群.农地流转动力、模式与障碍:一个文献综述[J].首都经贸大学学报,2013(3):116-122.

[115] 刘荣材.路径约束与农村土地制度变迁研究[M].北京:中央编译出版社,2012.

[116] 邓海峰,王希扬.户籍制度对土地承包经营权流转的制约与完善[J].中国人口资源与环境,2010,20(7):97-101.

[117] 李跃.新农村建设中的土地流转问题分析[J].农业经济问题,2010(4):26-28.

[118] 钱忠好.中国农村社会经济生活中的非正式制度安排与农地制度创新[J].

江苏社会科学,1999(1):1－8.

[119] 胡亮,郜仁飞.土地流转特征及其社会影响因素分析——以赣中王瑶镇土地流转的个案为例[J].南京工业大学学报(社会科学版),2011,10(3):81－86.

[120] 易小燕,肖碧林.典型地区农民耕地流转基本特征及影响因素分析——基于浙江、河北两省356户农户的经验数据[J].资源与产业,2011(2):158－165.

[121] 罗必良.中国农业经营制度——理论框架、变迁逻辑及案例解读[M].北京:中国农业出版社,2014.

[122] 中国社会科学院农村发展研究所"农村集体产权制度改革研究"课题组.关于农村集体产权制度改革的几个理论与政策问题[J].中国农村经济,2015(2):4－12.

[123] 张力,郑志锋.推进农村土地承包权与经营权再分离的法制构造研究[J].农业经济问题,2015(1):79－92.

[124] 张红宇,李伟毅.人地矛盾、"长久不变"与农地制度的创新[J].经济研究参考,2011(9):33－36.

致　　谢

博士，是个多么神圣的字眼，在即将无限接近于这个字眼之际，心中顿时升起了无限的感慨。想当我初义无反顾地追逐于它，迷恋于它，并不在乎它有令人高傲的光环，而我更欣赏它能够给人带来的是一种精神上的洗礼，一种自我能力的修饰与提高，它可以带给我坚忍不拔的毅力，更可以给我生活中的宁静与祥和！回想起这几年日日夜夜的秉烛研读，笔耕不辍，虽然也曾有过困苦和迷茫，也曾感觉眼前的障碍是多么得不可逾越，也曾想过要放弃和逃离，但这并没有使我屈服，反而增强了我的动力。在这本专著即将完成之际，想想这几年的辛勤付出，心中有些不舍和留恋，不舍的是师生情、同窗情；留恋的是花开的母校、思想自由开放的空间以及那满满的人文关怀！

俗话说，饮水思源。我非常感谢我的指导老师吴玲教授，这本专著是在她的精心指导和帮助下得以完成，框架和结构几经大的调整，经过多次修改和完善终于成书，这期间吴玲教授呕心沥血，兢兢业业，所以这本专著也是吴玲教授汗水的结晶。吴玲教授治学态度严谨，专业功底深厚，为人和蔼谦和，她的言传身教一直感染着我，是我以后工作和生活的楷模。吴玲教授对学生要求极其严格，经常与学生谈心，在思想上给予鼓励，在生活中给予关心，无微不至地帮助学生创造很多有利的条件，令我终生难忘。在此本书即将完成之际，谨向帮助和指导我的吴玲恩师致以最真挚和崇高的敬意！

感谢郭翔宇教授在本书的结构和行文撰写过程当中给予的极大帮助。同时感谢李翠霞院长、胡胜德教授、王吉恒教授、范亚东教授和张启文教授给予本书提出的宝贵意见。感谢余志刚、杨志武两位同学在本书的写作的过程中给予的宝贵意见和建议。

感谢哈尔滨金融学院的姚旭教授，在本书写作过程中给予的极大支持和鼓励，感谢管理系各位同事的关心和帮助，并在此一并感谢寒窗苦读的博士同学，尤其感谢李双晶同学和哈尔滨工业大学的李娟同学，在本书的撰写过程中我们互相鼓励、互相帮助，度过这段难以忘怀的岁月。

感谢我的爱人在我写作过程中给予的支持和鼓励，感谢他为家庭的辛苦付出，感谢他在我最痛苦和无助时候的分担；感谢我的公公婆婆为我照顾女儿；非常感谢懂事的女儿,让我有更多的精力完成写作;感谢我年迈的父母,对我在外求学的支持。我挚爱的家人啊,是你们的亲情感染着我,鼓励着我,让我有无比的信心和动力去面对未来的风雨。

攻读博士期间的学习和本书的完成,将是我人生道路上一道靓丽的风景,也是我一生中难以忘怀的回忆,我将带着这份激情和憧憬,在工作和生活中勇攀高峰,再创佳绩!